Conquista Tu Mercado

Conquista Tu Mercado

31 Leyes Inquebrantables de Marketing para Alcanzar el Éxito Empresarial

Escrito por Javier Cordero

Consultor Élite Ediciones

Título: Conquista Tu Mercado. 31 Leyes Inquebrantables de Marketing para Alcanzar el Éxito Empresarial

Autor: Javier Cordero

ISBN: 9798854984737

Tipo: Tapa blanda

Diseño de cubierta: Iván Farfán

Consultor Élite Ediciones

Copyright 2023 © Todos los derechos reservados

Fecha de la primera publicación: 23 de septiembre de 2023

Términos Legales y Descargo de Responsabilidad

¿Conectamos?

Puedes conectar conmigo a través de:

- *Sitio web:* www.javiercordero.com
- *Email:* hola@javiercordero.com

Redes sociales:

- *LinkedIn:* www.javiercordero.com/linkedin
- *Facebook:* www.javiercordero.com/facebook
- *Instagram:* www.javiercordero.com/instagram
- *YouTube:* www.javiercordero.com/youtube

Otras obras de tu interés

Descubre otras obras que he escrito y que estoy seguro que te podrán ayudar a lograr tu éxito empresarial.

- *Marketing Digital Para Consultores:* www.javiercordero.com/mdpc
- *Copywriting Para Consultores:* www.javiercordero.com/cpc
- *Email Marketing Para Consultores:* www.javiercordero.com/empc

Consultor Élite

Además, puedes conectar conmigo a través de Consultor Élite, consultora de marketing y desarrollo empresarial donde, junto a mi equipo, ayudamos a otros consultores a emprender y hacer crecer sus negocios de consultoría con éxito.

Más información en www.ConsultorElite.com.

A mi Padre.

Tabla de Contenidos

Agradecimientos

CONQUISTA TU MERCADO

Como es habitual, comienzo este libro con un agradecimiento sincero. Un agradecimiento a ti, amigo lector, por darme la oportunidad de transferir mi conocimiento y experiencia a tu persona. Como decía Platón, el gran filósofo griego, *"un hombre sabio será siempre un aprendiz de maestro"*. Y así es, todos vamos aprendiendo de otras personas que se encuentran unos pasos por delante de nosotros. Ahí radica la magia del conocimiento; en aplicar y transferir a otros lo que ya sabemos. Conocimiento para mejorar nuestras vidas y la de nuestros seres queridos. Para ello necesitas acción, y eso es parte de lo que te agradezco. De que hayas accionado y estés aquí leyendo este libro que espero, ayude a tu negocio, a tener más éxito en tu mercado y a llegar a ser el proyecto que siempre has soñado.

Muchas gracias, amigo lector, por tu tiempo. Sé que es limitado. Eres una persona muy ocupada y con muchos proyectos en la mesa. A mí también me pasa, pero tienes que seguir aprendiendo, el conocimiento no debe dejar de entrar en tu mente. El conocimiento verdadero y profundo que dé explicación a tus preguntas. Mil gracias. Y ahora, comencemos esta aventura.

Introducción

CONQUISTA TU MERCADO

Todo en la vida tiene una razón de ser. Soy de los que opinan que la casualidad no existe, sino más bien la causalidad. No hay casualidades, sino razones por las que ocurren las cosas en la vida. Y son resultados de diferentes decisiones que hemos tomado. En todos los aspectos de la vida ocurre; profesional, personal, sentimental, social. Somos lo que hacemos y pensamos. Es por eso que, hasta en el marketing, podemos aplicar causalidad. Donde haya acciones que repercutan en nuestros negocios y que sean responsables de ciertos efectos.

Millones de euros son malgastados diariamente en acciones de marketing que traen pocos o nulos beneficios, simplemente por no conocer la causas por las que estas estrategias no llegan a funcionar. Por no saber que existen leyes inquebrantables que te ayudarán a tener éxito o a fracasar de manera absoluta.

En este libro que tienes en tus manos, quiero hablarte sobre la causalidad en el marketing a través de leyes. Leyes absolutamente inquebrantables que he ido descubriendo a través de mi propia experiencia, la de mis clientes y conocimiento de otros a los que he estudiado en detalle. Estas leyes provocan que las estrategias que se ejecuten para llevar al éxito a las empresas no funcionen o sean simplemente fruto de la casualidad. Tan sencillo como eso. Leyes que dificultan que puedas conquistar tu mercado, convertirte en el líder absoluto y llevar tu emprendimiento al nivel que deseas.

Según la Real Academia de la Lengua Española, una ley es una regla o norma establecida por una autoridad superior para regular, de acuerdo con la justicia, algún aspecto de las relaciones sociales. ¿Y quién es esa autoridad superior en marketing? Tu mercado. Tu mercado es el que dice si lo que ofreces y cómo lo ofreces es correcto o no. Aquí no hay suposiciones sino ciencia. Solo tu mercado será el que dictaminará si lo que ofreces se desea de manera vehemente. Sin medias tintas.

En estas 31 leyes de marketing inquebrantables quiero mostrarte reglas o normas que se dan de manera inmutable. En algunas no podemos encontrar razón para ello; simplemente son. Puede que logremos entenderlas, pero nunca llegaremos a su más profundo origen de ser, porque el ser humano no está capacitado para entender tanta maravilla de la naturaleza y del equilibrio energético. Somos creación, no creadores.

Muchos hablan del marketing, pero pocos te pueden concretar qué es exactamente. Para mí, el marketing es hacer que un desconocido se haga cliente tuyo, empleado o proveedor y acabe por evangelizar tus productos y servicios llegando a otros sin hacer tú el marketing. Creando una bola de nieve de dimensiones asombrosas. Esa es la definición de marketing que me gusta. El marketing no es un nuevo sistema revolucionario del último gurú de turno. Eso no es hacer marketing. El marketing lo es todo en tu negocio. El marketing es cómo muestras tu negocio al mundo, a tu mercado, a aquellos que tienen el problema y el anhelo que puedes solucionar con tus productos y servicios. Eso es el marketing; el corazón de tu negocio.

Una carrera de largo recorrido, no es un truco de influencer. Una carrera consciente hacia la creación de un mundo mejor a través de tus capacidades y aportando al mundo tu granito de arena. Tu buen y bien hacer. Atrayendo con tu mejor versión como emprendedor. Dando más de lo que recibes. Es ahí cuando tu mercado te recompensará por ello.

El marketing es utilizar los medios disponibles para hacer llegar tu mensaje a tu mercado ideal a través de las vías más rentables y efectivas para ello. Es el sistema de tuberías perfecto donde fluirá un agua lo más clara posible de potenciales clientes. Una parte de esa agua se perderá por el camino, pero el resto llegará a ti para que refresque tu negocio y le siga permitiendo crecer. Creando esa primera interacción con tu potencial cliente, donde comenzar a tener una relación larga y prospera para ambas partes. Porque el marketing no va de vender, sino de generar relaciones entre personas que las ayuden a evolucionar en sus vidas.

Este libro es para ti si sabes que el marketing lo es todo en los negocios. Si quieres seguir evolucionando con tu emprendimiento, creando un proyecto que dé sentido a tu vida y a las personas que te rodean, de manera efectiva y con pilares firmes. Es por eso que, si eres como yo, este libro te encantará porque iremos a la profundidad del marketing, a la búsqueda de la verdad y de cómo podemos aplicar estas leyes para ofrecer lo mejor de nosotros al mundo. Un producto, un servicio, nuestra marca personal.

Mi objetivo con este libro, es ofrecerte una visión a vista de pájaro de los elementos claves que influyen en tu marketing desde un punto por encima de lo humano, por encima de lo que ven tus ojos. Porque fuera de ellos, hay mucho más. Si lo conoces tendrás tu mercado a tus pies. Te lo aseguro. Este libro está pensado como un paseo al más allá del marketing. Está pensado en los hilos que mueven nuestras acciones de atracción en los mercados. No quiero que sea un libro que no despierte en ti ningún atisbo de espiritualidad porque incluso en los entornos más sórdidos y fríos, la espiritualidad existe. En el marketing y en los negocios pasa lo mismo. Los vestimos de corbata y seriedad, pero existe la espiritualidad y energía. Una energía que ni tan siquiera el ser humano puede reconocer porque, tal como pasaba hace siglos antes de que se descubriera la existencia de los átomos, aún no tenemos capacidad para saber y conocer, dar una explicación a aquello que se nos va de las manos.

Aquí descubrirás leyes que sin duda te abrirán la mente a un nivel de vibración por encima del marketing tradicional y donde simplemente vemos indicadores, números y acciones. Resultados frutos de la acción humana, pero que no representan en absoluto lo que el marketing puede hacer por tu negocio.

En la naturaleza existen las leyes; química, física, biología, geología. Básicamente en todo. Y entonces, ¿por qué no reconocer que en marketing también existen leyes? Eso es lo que voy a tratar de explicarte con este libro. Porque los aviones no vuelan si no se aplican las leyes de la física. Porque los medicamentos no funcionan si no se conocen leyes de la química orgánica. Y ahora es el momento del marketing, ahora le toca a él. Y es que, las empresas no funcionan si no se conocen las leyes del marketing. Tan claro como eso.

No quiero parecer un loco, porque creo que no lo soy, ¿o no? No obstante, gracias a todo el trabajo de desarrollo personal que he sufrido, de desaprender todo lo que aprendí como ingeniero y que me convirtieron en una persona de lógica, todo lo que la razón no puede explicar está descartado. Todo ese proceso me ha ayudado a ver el marketing desde un punto más espiritual y transcendental. Movido por leyes que salen de tu visión como emprendedor o experto en esta materia. Por cada una de estas razones, he escrito este libro. Para que entiendas que detrás del marketing hay algo más. Mucho más allá de lo que ven tus ojos y que te ayudarán a crear acciones que te aseguren mejores resultados y tu fin último; conquistar tu mercado. Todo esto lo lograrás con este libro. Con las 31 leyes que descubrirás y que cambiarán tu visión del marketing para siempre. Te lo aseguro. Un cambio de 180 grados; un antes y un después.

Quién soy yo para contarte todo esto

Por si acaso no me conoces, aunque llevo más de 10 años creando contenido como autor y formador, mi nombre es Javier Cordero, soy ingeniero de formación, y desde 1998 me he dedicado a las ventas y al marketing. Una gran parte de mi carrera profesional he sido ingeniero comercial y he dirigido departamentos en estos dos campos. Aunque no lo conozco todo en marketing, puedo decir que sé bastante, fruto de muchos éxitos pero también de muchos fracasos. Mi interés por las personas me hizo querer dedicarme más en profundidad a conocerlas y ver cómo somos a nivel profesional, personal y social. Siempre desde un punto de vista práctico, pero sin perder de vista lo espiritual, algo que me ha costado desarrollar enormemente debido a mi educación como ingeniero, donde todo aquello que no esté respaldado por el método científico no vale.

¿Y por qué todo lo llevamos al método científico cuando este es fruto de la mente humana? Sin lugar a dudas, el método científico es una gran barrera de entrada para vendehúmos y mentirosos que se sacan de la manga teorías que no tienen fundamentos. Eso sí, nos limitan a la hora de explorar nuevos campos que ayudarían al ser humano a trascender y a convertirse en una mejor versión de ellos mismos. En este libro quiero salirme del trasto y, aunque te mostraré leyes que están avaladas por el método científico, también te enseñaré aquello que no tiene razón de ser y que hasta al más analítico de los individuos se le escapa.

Aquí te muestro mi verdad. Leyes que no puedes romper bajo ningún concepto. Hacerlo traerá una simple consecuencia: que no tengas éxito en tu mercado. Es por eso, que te invito a que leas con detenimiento este libro, lo disfrutes e interiorices cada una de estas leyes. Comenzamos nuestro camino para conquistar tu mercado.

1. Ley del Liderazgo

CONQUISTA TU MERCADO

Alejandro era una persona obsesiva con el perfeccionismo. Cualquier crítica le suponía una gran desazón. Como desarrollador, había creado un software que incluía inteligencia artificial para problemas del sector financiero. Había presentado el producto a varias empresas del mercado, las cuales habían mostrado mucho interés. El problema era que para él, el software no estaba perfecto. Como cualquier desarrollo siempre había cosas que pulir. Las empresas estaban dispuestas a implementarlo en estado *beta*, pero él no quería lanzarlo aún, se sentía inseguro. Quería trabajar un tiempo más en el producto.

Tiempo suficiente para que de la noche a la mañana las empresas que estaban interesadas dejaran de llamar. Para él no era un problema, ya que así lo atosigaban menos con ofrecerles un producto en *beta*. Un día recibe una newsletter de una empresa financiera anunciando que estaban implementando un programa similar en su negocio. Un programa idéntico al que él estaba desarrollando.

Comenzó a llamar a las empresas que se habían interesado por su producto, todas y cada una le dijeron que ya estaban implementando el software de la competencia. Que aunque no estaba perfecto, les iba permitiendo subsanar errores, pero ya en acción, todo iba muy rápido en el sector de las finanzas y tenían que evolucionar. No se podían permitir esperarlo. Alejandro sabía que ya había perdido a esos clientes, ¿quién iba a deshacer una implementación de un software y comenzar a trabajar con el suyo por mucho mejor y más perfecto que estuviera? Nadie.

Cuando Alejandro lanzó su software al mercado, apenas tuvo ventas, se saltó una de las leyes más importantes del marketing. Quizás la más relevante de todas: *el primero se lo lleva todo*. Al final, los mercados son entornos donde, como dice la canción de ABBA; *"The Winner Takes It All (El ganador se lo lleva todo)"*. Si no la conoces te recomiendo que la escuches. Es preciosa. Con unos coros maravillosos, con textos que son pura poesía.

Volviendo a nuestro caso, en marketing sin lugar a dudas, es mejor ser el primero en tu mercado que el mejor. Es mucho más sencillo llegar a un consumidor si somos los primeros en ofrecerle algo que convencerlo, a posteriori, de que nuestro producto es mejor que otro ya establecido. Las marcas líderes lo son, en muchos casos, porque fueron pioneras. Sin embargo, no se trata de ser primero a cualquier coste. Hay que serlo ofreciendo diferencia, valor añadido y calidad. Ser el primero no garantiza nada, aunque ayuda.

Si tienes suerte, ser primero significa hacerte dueño de una etiqueta en la mente de tus clientes cuando esa parte de la categorización está aún vacía. ¿Qué quiere decir eso? Imagina, por ejemplo, que cuando salió el smartphone aún no existía esa categorización de teléfonos inteligentes. En los primeros meses del smartphone, si preguntabas la marca de un smartphone, a todo el mundo le venía siempre la misma marca: Apple. ¿Por qué? Porque fueron los primeros y no había otras empresas que lo estuvieran fabricando.

Eso tiene algo muy bueno, mientras Apple siga haciendo las cosas bien seguirá estando presente en la mente del mercado porque fue dueño de esa categoría en su momento. Es cierto que muchas empresas fueron pioneras en su mercado y acabaron desapareciendo, tal como le ocurrió a Kodak, pero también una vez que eres la primera, las posibilidades de posicionarte en el mercado son mucho mayores. No es que el mercado se olvidara de Kodak, para nada, sino que no supo adaptarse a la fotografía digital. Si lo hubiera hecho estaría aquí con nosotros, siendo el líder. Ser el primero sin seguir innovando no tiene garantías de éxito. Al igual que le ocurrió a Nokia, fueron los primeros en teléfonos móviles pero no se adaptaron a los teléfonos inteligentes, tal como hizo Apple.

¿Te acuerdas de Yahoo el buscador? Pues sí, fue el primero y aunque tuvo mucho éxito, llegó un segundo con una estrategia más definida y disruptiva: Google. Yahoo se fundó en 1995, mientras que Google fue unos años más tarde, precisamente en 1998. En este caso tenemos una excepción. Aunque ser el primero te da una ventaja importante, no te garantiza que tengas éxito a corto plazo si no miras bien lo que otros, que se han inspirado en tu idea, están haciendo. De hecho, es mejor ser el primero en la mente de tu cliente que en el mercado. Si preguntas quién fue el primer buscador, erróneamente la gran mayoría pensaría que es Google. Y no es así, fue Yahoo.

No obstante, en marketing, ser el primero es sumamente valioso, aunque es cierto que no es fácil aventurarse, ya que puede ser más rentable introducirse en un mercado donde el líder lo es porque no hay una competencia mejor. Eso suele pasar en mercados con muy alta barrera de entrada. Con altos costes, por ejemplo, el mercado energético que requiere mucha inversión y pocas ganancias al principio. La barrera de entrada hará que un líder se posicione el primero y que su continuación sea casi monopolista.

Ahora bien, ser el primero en un mercado inmaduro no es buena idea. Te costará muchísimo educar a tu mercado y como siempre digo,

¿quién tiene dinero para educar al mercado y esperar a que se ponga en modo *"sí, quiero comprar"*? Muy pocos. Solo gobiernos y grandes organizaciones son las que tienen capacidad para educar al mercado con campañas de sensibilización, con ingeniería social, con la ayuda de grandes inversiones en marketing, que para ti sería inviable si eres una pequeña o mediana empresa. También, los mercados maduran a través del propio mercado y de los movimientos de masa. Por ejemplo, las redes sociales son grandes desarrolladores de mercados donde una idea, un producto o servicio puede viralizarse y llegar a millones de personas en cuestión de horas. Esto hará que los individuos comiencen a demandar productos y servicios "contagiados" por otros.

Tu objetivo es adentrarte en mercados que ya tengan demanda de productos y servicios como los que vendes. Eso sí, dentro de ese mercado debe haber un ángulo diferenciador y que nadie haya desarrollado aún, haciéndote dueño de una etiqueta líder. Pionero en ese mercado. No obstante, ser el primero en los mercados tiene enormes ventajas. Una de ellas es que el producto o servicio en sí se acabe llamando como la empresa que primero lo lanzó. Es el caso de *Kleenex* de la empresa Kimberly - Clark, pionera en pañuelos de papel y donde el nombre del producto se popularizó para adueñarse del nombre popular del objeto: *¿tienes un Kleenex, por favor?*

Casos de marcas líderes tenemos muchísimas, como por ejemplo Amazon como mayor mercado de productos varios de venta online, Apple para el smartphone, IBM como pionera en tecnología. Pero tenemos una que seguro que te vendrá a la cabeza si hablamos de refrescos. El indiscutible número uno en cuota de mercado, y también la primera en lanzar su producto como bebida de refrescos de cola. Un 8 de mayo de 1886, el farmacéutico John S. Pemberton creaba en la ciudad de Atlanta (Georgia) un jarabe que poco después pasaría a ser comercializado como refresco y que se convertiría en una de las bebidas más conocidas a nivel mundial: *Coca-Cola*.

Plan de acción para aplicar esta ley en tu negocio

Y ahora vayamos a tu plan de acción para ayudarte a sacarle todo el partido a esta ley del liderazgo. Hazte esta serie de preguntas:

- *¿Eres el primero en tu mercado?* Si lo eres, intenta afianzar esa característica. Has llegado el primero, eso es una gran suerte. No te duermas, siempre habrá otro competidor que ha llegado después que tú dispuesto a quitarte ese liderazgo. Mucho cuidado.

- Si no lo eres, *¿cómo puedes reposicionarte para ser el primero en un aspecto de valor de tu mercado? ¿Puedes ofrecer algún producto o servicio innovador que te ayude a lograrlo?* No olvides que siempre puedes reposicionarte y quitar el puesto de liderazgo a tu competencia. No es sencillo, ya que ellos llegaron primero, pero no es imposible, siempre y cuando aproveches sus debilidades y sepas cómo sacarlos como pioneros de la mente de tu potencial cliente. Piensa cómo puedes crear un ángulo diferente en lo que vendas. Puede ser por forma, nombre, manera de ofrecerlo. Hay miles de estrategias para reposicionar un producto o servicio y que parezca innovador. Lo más importante es entender que cuando eres el primero, las posibilidades de conquistar tu mercado son mucho mayores.

2. Ley de la Atracción

CONQUISTA TU MERCADO

Salir a buscar clientes todos los días es desesperante. Solo los que hemos vendido a puerta fría lo sabemos. La mayoría son puertas cerradas que afectan de manera directa a tu autoestima. Somos animales sociales, y aunque los que vendemos entendemos que un no es parte de la venta y que es un no menos para lograr el sí, a nadie le gusta el rechazo. Esto es lo que le ocurría a Juan. Llevaba años visitando empresas para vender sus productos de manera obsoleta, sin evolución ni innovación en la venta. La mayoría eran noes. Es cierto que algunas veces recibía un sí después de que el potencial cliente hubiese tenido una mala experiencia con su proveedor actual, pero aun así requería mucho esfuerzo, y sobre todo, una gran dosis de suerte y casualidad, algo que en la ingeniería del marketing no tiene ningún tipo de cabida.

Lo que más le chocaba a Juan, era ver cómo su competencia no hacía puerta fría. Es más, eran los propios clientes los que iban a conocer a la empresa y sus productos. ¿Qué hacía mejor esa empresa que la suya? Analizando en detalle, observaba que hacían bastantes anuncios, siempre estaban presente en revistas del sector, hacían entrevistas a sus comerciales y expertos hablando de las nuevas tendencias. Incluso llegaron a patrocinar eventos deportivos. Tenía la sensación de que su competencia no vendía sino que atraía.

Los que nos dedicamos al marketing hemos aprendido, a base de fracasos, que las personas aman comprar, eso sí, odian que les vendan. Nos pasa a todos. Nos gusta gastar nuestro dinero. Nos quema en los bolsillos. Cada vez más, cada vez tenemos una visión del dinero más cortoplacista debido a la pérdida de valor por la inflación y a las buenas estrategias de marketing donde consumir, a toda costa, es lo único que importa. El dinero fiduciario no vale nada. Eso sí, no vamos a gastarlo con cualquiera que venga a pedírnoslo, ¿verdad? En absoluto, lo haremos con aquellos que nos atraigan; como moscas a la miel. Que sintamos ese anhelo, ese deseo vehemente de poseer aquello que nos ofrecen.

Teniendo en cuenta esto, es ahí donde entra en juego esta ley donde más que vender debes atraer; el marketing de atracción. Hacer que quieran comprarte y no venderles. Es lo que llamamos hacer marketing por valor. Un concepto muy novedoso en los últimos años, pero que en el fondo siempre ha existido. De hecho, es el marketing que hacía la empresa con la que competía Juan y que tanto admiraba, donde los clientes iban a ella en vez de tener que salir a buscarlos.

Todo marketing es de atracción, atraer personas dispuestas a comprar tus productos o servicios. Nada más. No obstante, tenemos una visión del marketing más de intrusión que de atracción. Visión heredada de los millones de anuncios que hemos consumido a lo largo de nuestra vida y que nos han enseñado que hacer marketing es molestar, con anuncios absurdos que no importan a nadie. Fruto de agencias de marketing que buscan elevar el ego o cubrir las espaldas de la directiva del cliente antes que sus ventas.

El marketing de atracción es simplemente hacer que tus clientes vengan a ti sin ser tú el que salga a buscarlos, tal como harías si hicieras puerta fría. Es atraer para que ellos te compren y no seas tú el que les venda. Recuerda, al ser humano le encanta comprar, pero odia que le vendan. En esto se basa el marketing de atracción. Son tus clientes los que tienen que sentir que la compra es una decisión propia y no impuesta por estrategias de marketing intrusivas y muy molestas.

Para conseguir atraer a tu audiencia ideal, tienes que lograr que tu producto o servicio destaque, y aportar valor en cualquiera de sus vertientes; ya sea por información, por precio, por calidad, por simpatía. Da igual qué utilices para atraer, siempre y cuando tu cliente ideal lo perciba como un gancho para ir hacia ti. Tal como hacía la competencia de Juan, que estaban presente en su mercado de una manera estratégica y muy activa.

El marketing de atracción es todo lo contrario a la puerta fría. Un marketing que no funciona y que es fruto de no saber cómo trabaja la mente humana. Nadie se levanta queriendo comprar un producto o servicio, sino que es el resultado de percibir un problema, necesitar una solución urgente y tener el nombre de tu marca en su mente para acudir a tu empresa con el objetivo de solucionarlo. Es ahí cuando debes de haber hecho un buen trabajo de posicionamiento en la mente de tu cliente potencial y que aparezca tu empresa en su cabeza cuando lo necesite.

Cualquier producto o servicio es el escenario ideal para este tipo de marketing de atracción, ya que vendes una promesa que aún no se ha hecho realidad. Es por eso que, este marketing de atracción, debe ser de aporte de valor alineado con lo que haría que esa persona se sintiera atraída por ti.

¿Te imaginas tener un sistema para generar peticiones de presupuesto de manera automatizada, las 24 horas del día, los 365 días de la semana? Llegar a tu oficina y ver peticiones de presupuesto de clientes que son los ideales para ti. Si eso es lo que deseas, desde luego, nunca lo conseguirás con la puerta fría. Con la puerta fría, sin haber hecho un posicionamiento de marca previo, no se venden producto o servicios. Olvídate. Esto no funciona.

Como empresario y emprendedor, eres un solucionador de problemas urgentes y un facilitador de anhelos, y solo cuando tu cliente ideal perciba que los sufre, se pondrá en modo búsqueda y recepción, y será capaz de prestarte un mínimo de atención e interés. Cosa que rara vez ocurre en la puerta fría. Demasiadas coincidencias para sentir que tienes un sistema.

La puerta fría es la mayor pérdida de tiempo y recursos para una empresa que desea atraer clientes de calidad, sin mendigar. La puerta fría genera mucha frustración, gastos y desazón, ya que tus clientes no están en modo "atención plena". Además, lo que es peor, es un cúmulo de pensamientos destructivos porque piensas que nadie desea lo que ofreces, cuando no es así.

Las personas deseamos ayuda cuando tenemos un problema y somos nosotros los que salimos a buscar la solución, eso sí, con el nombre de tu marca en su mente. Nadie quiere que les vendas, pero sí desean comprar. Nunca actuamos en la prevención, sino cuando estamos con la soga al cuello. No queremos que nos ayuden sin haberlo solicitado. Además, mostrar a un cliente que tiene problemas sin que este los perciba provocará un rechazo, ya que habrás tocado a su ego. Mucho cuidado.

La mayoría de las empresas piensan que hacer puerta fría es hacer marketing. No es así. Es simplemente jugar a ver quién me escucha. Las empresas saben que no funciona, pero todos sabemos que hacer cambios de mentalidad y desaprender es tan difícil, y ya sabes lo que decía Albert Einstein: *"locura es hacer la misma cosa una y otra vez esperando obtener diferentes resultados"*.

Marketing de atracción: un desconocido para las empresas

¿Por qué les cuesta tanto a las empresas hacer marketing de atracción? Por mi experiencia asesorando en marketing a decenas de empresas, he detectado algunas creencias limitantes que les impiden dejar de hacer puerta fría y enfocarse en un marketing de atracción inteligente:

1) Creen que si no están haciendo puerta fría no están trabajando en captar clientes, cuando realmente hay formas mucho más efectivas de hacerlo. Están educados en el esfuerzo, no en resultados. Para ellos no tiene cabida la sistematización en la prospección.

2) Consideran que hacer puerta fría es hacer marketing cuando no es así. El marketing de atracción debe ser de prospección, no simplemente salir a vender, sin haber calentado previamente el mercado. Eso no funciona, o si lo hace, es fruto de la casualidad, no de la causalidad. Y estarás dejando mucho dinero y oportunidades en la mesa.

3) No conocen y no se interesan por otras estrategias de atracción y venta, como pueden ser los anuncios cualificados, los imanes de prospectos, el marketing de contenido. Estrategias que son altamente efectivas para prospectar y atraer potenciales clientes que sí han levantado la mano y han dicho: *¡esto me interesa!*.

Es importante que elimines todas estas creencias limitantes y que anclan tu empresa en la puerta fría. Estas dan la sensación de que estás haciendo algo para atraer clientes, pero no es así. No es cuestión de trabajar mucho, sino de hacerlo de manera inteligente; con cabeza y con resultados. Trabajar duro y obtener resultados no son palabras sinónimas, más bien trabajar inteligentemente. Ahí sí obtendrás resultados.

Crear un sistema de atracción de clientes de manera automatizada sin utilizar la puerta fría requiere tiempo, conocimiento, investigación, estrategia, tácticas, pero es el único camino que tienes para atraer clientes de manera constante y previsible, y sentir que tienes el control de tu negocio ahora y mañana. Te repito, la puerta fría no funciona, el marketing de atracción sí. El marketing de atracción es lo que hará que posiciones tu empresa y sean los clientes los que vengan a ti sin necesidad de mendigar porque te compren.

Plan de acción para aplicar la ley de atracción en tu negocio

Y ahora vayamos a nuestro plan de acción. Siéntate tranquilamente en tu oficina y pregúntate:

- *¿Estoy haciendo marketing de atracción o puerta fría?* Si lo que haces es puerta fría párate en seco y reflexiona. La puerta fría no es atracción y nunca sentirás que tienes el control de tu negocio. Tendrás que deshacer esos hábitos que te anclan a la puerta fría y que no te permitirán generar un flujo constante y previsible de clientes deseosos de trabajar contigo.

- *¿Qué acciones puedes tomar para empezar a atraer a tu mercado sin salir a mendigar clientes?* Comienza por pequeñas acciones para implementar tus sistemas de atracción. Por ejemplo, si te encuentras en esa situación, estar leyendo este libro ya es un paso para salir de la carrera de ratas que representa la puerta fría. Todo cambio comienza en el conocimiento.

- *¿Qué estrategias de atracción podrías utilizar hoy mismo para atraer, y que sean los clientes los que llamen para que los visitaras?* No olvides que tus clientes están deseando comprar tus productos, pero no quieren que los atosiguen ni que les vendas. Quieren ser ellos los que den el paso. Tu función como empresario es crear ese sistema de atracción que te haga irresistible y les facilite hacerlo.

Recuerda, la clave está en pasar de vender a atraer. Convertirte en la mejor opción para tu cliente. Tanto, que sean ellos los que deseen comprarte y seas tú el que elijas con quien trabajar. Parece difícil, pero no lo es en absoluto. Solo necesitas sacar lo mejor de tu empresa, buscar vías para mostrarlo al mundo y ver cómo llegan los clientes. Como moscas a la miel. Así de sencillo.

"A menudo nos convertimos en lo que creemos ser. Si pienso que no puedo hacer algo, me hace incapaz de hacerlo. Cuando creo que puedo, adquiero la capacidad de hacerlo, aunque no la tuviera al principio." Gandhi.

3. Ley de la Visibilidad

CONQUISTA TU MERCADO

Imagina por un momento que estás dando un paseo por la calle principal de una gran ciudad. Tienes la necesidad de comprar un regalo para tu pareja cuyo cumpleaños es mañana. Tenías pensado comprarle un bolso. Algo elegante y que pudiera usar de manera habitual. Eres una persona práctica y te gustan los regalos prácticos. De repente ves un cartel donde está escrito el siguiente texto *"Ana Casale - Complementos"*. Entras, ves algunos bolsos y compras uno de ellos. No es nada barato, seguramente haya algunas tiendas que lo vendan a menor precio, pero bueno, ¿para qué perder el tiempo visitando más tiendas? Así que lo compras. Sales de la tienda y te metes en una calle que cruza la principal porque quieres buscar un lugar para comer algo. Antes de llegar a un bar, te das cuenta de que hay otra tienda que vende el mismo bolso, y para tu asombro más barato.

¡Vaya por Dios! Te has gastado mucho más - piensas. Te cabreas, pero, ¿qué le vas a hacer? Tampoco sabías que había una tienda en el

callejón de al lado con el mismo bolso y más barato. ¿Por qué no has comprado el bolso en esa tienda? Simplemente, no habías visto la tienda. No se había hecho "visible" ante tus ojos, antes que la otra. La tienda donde compraste el bolso sí pagaba visibilidad en ubicación y justificaba ese gasto con un aumento en precio, mientras que la otra ahorraba en visibilidad y lo ponía más barato. Pero, ¿no crees que quien primero se posiciona antes tus ojos tiene más posibilidades de venderte? La visibilidad lo es todo en marketing. Entender que sin visibilidad no hay nada que hacer es clave.

Ser visible significa estar delante de tu cliente ideal en el momento justo, antes de tu competencia. Ser capaz de lograr una mínima atención por parte de tu mercado ante tu mensaje. Un mensaje que les genere suficiente interés, deseo y motivación para querer seguir sabiendo de ti y de tu propuesta como catalizador de sus problemas y anhelos. Sin conseguirlo, todo lo que hagas, tengas un excelente producto o seas la mejor de las empresas en tu campo, no valdrá para nada.

Sin visibilidad, no hay clientes. Nadie contrata a un ratón de biblioteca, por muy inteligente que sea, a menos que saque la cabeza y diga: *¡aquí estoy yo!* Es muy común ver fantásticos productos eclipsados por aquellos muy visibles, pero que no ofrecen ni una mínima parte que los otros. Es una crítica típica de muchos empresarios que vienen a mí pidiendo asesoramiento: *mi producto es el mejor* - dicen. Siempre les digo lo mismo - *¿de qué te vale fabricar el mejor producto si no puedes venderlo porque los clientes no te ven y no saben de este?*

La calidad, por el mero de hecho de serla, no es garantía de éxito y no tiene cabida en un mundo tan competitivo como en el que vivimos, donde la tecnología está permitiendo ser visible a quien la controla, e invisible a quien solo se enfoca en el producto y no en llegar a su mercado. Hay que ser visible y sacar la cabeza. No lo olvides.

Hay una frase que especialmente me gusta mucho y dice así: *"antes de ser experto fabricando tu producto, debes ser experto vendiéndolo".* Y así es, debes ser experto en vender antes que un gran productor. De lo contrario nunca venderás. Para ello necesitas hacerte visible y que te conozcan primero.

La visibilidad lo es todo. No tenerla es, como el ejemplo, una tienda en un callejón donde no pasará nadie. Nadie entrará en el local. Cuanto más capacidad tengas de ponerte delante de tu potencial cliente, mayores serán las posibilidades de que llames la atención de esa persona y comience a interactuar con tu negocio, ya sea siguiéndote en redes sociales, haciéndose suscriptor de tus boletines electrónicos, poniéndose en contacto contigo directamente o entrando en tu local para pedir más información.

¿Cuál es el negocio de la empresa Zara? Posiblemente, dirías la ropa, ¿verdad? Pues no, el negocio de Zara son los locales comerciales en las mejores calles de las ciudades. Las más visibles. Pongan lo que pongan les funcionará. Ahí está la clave de su éxito: *la visibilidad*. Todos los días se crean miles de tiendas físicas y online, sitios webs, perfiles en redes sociales de empresas que ofrecen algo parecido o igual a ti. Conseguir hacerte visible no es nada fácil, es por eso que tienes que entender bien los pilares fundamentales de la visibilidad, y que harán que tu mensaje llegue a tu mercado.

Plan de acción para hacerte visible y conquistar tu mercado

* *¿Consideras que tu negocio tiene visibilidad suficiente en tu mercado?* Si es así, detalla qué acciones estás llevando a cabo para tener esa visibilidad. *¿Es suficiente para llevar tu negocio al nivel que deseas? ¿Qué puedes hacer para lograr mayor visibilidad?* Siempre puedes mejorar tu estrategia de visibilidad. Analiza pequeños detalles que seguramente puedan impactar en dicha visibilidad. Recuerda que sin visibilidad no hay clientes, y sin clientes no hay negocio.

- Si no estás teniendo la suficiente visibilidad, veamos cuál es el problema. Analiza en detalle dónde se encuentra tu cliente ideal pasando el tiempo. Puede ser redes sociales, eventos, ferias, revistas, avenidas principales. Pregúntate: *¿qué debes hacer para hacerte visible ante tu cliente? ¿Crees que sería la visibilidad correcta? ¿Te harías visible antes que tu competencia o serías segundo plato para tu cliente?* Analiza lo que está haciendo tu competencia para mejorar esa visibilidad y superarla.

No olvides que *sin visibilidad, no hay negocio*. La visibilidad es todo para comenzar la magia de la venta. Es el primer paso para llamarles la atención, generarles interés, provocarles el deseo de saber más y llamarlos a la acción: *comprar*.

4. Ley del Conocimiento de Mercado

CONQUISTA TU MERCADO

El 28 de septiembre de 1928, el científico escocés Alexander Fleming, de manera casual, hizo crecer un moho en un cultivo y descubrió que producía una sustancia que mataba a varias bacterias que provocaban enfermedades. Había descubierto lo que se llamó la penicilina. Un medicamento que ha ayudado a la humanidad a evitar gran parte de las enfermedades provocadas por bacterias como la neumonía y la sífilis, que han llevado a tantos millones de personas a la muerte. Lo curioso es que la historia lo tacha como una casualidad y es cierto que, aunque fue un hecho casual, realmente fue fruto del conocimiento y de la causalidad.

Puede que el señor Fleming no estuviera buscando de manera consciente ese resultado, pero su experiencia y conocimiento sí ayudó a que algo maravilloso y que cambiaría el rumbo de la historia se manifestara. Una reacción fruto de una causa; el conocimiento y la preparación. Es injusto decir que fue pura casualidad porque estaríamos tirando por tierra todo el conocimiento y el trabajo de este gran investigador. ¿Crees que hubiese ocurrido si no se hubiera dedicado en cuerpo y alma al conocimiento en su campo? Seguramente no. Las casualidades no existen. Como en la biología y cualquier otra ciencia y disciplina, en el marketing también debe haber unos pilares firmes que te hagan aplicar todo ese conocimiento y llegar a la verdad. Porque tampoco, en el marketing, no existe la casualidad.

Todo trabajo y resultados excelentes están basados en pilares fundamentales que hacen que sea estable y firme, de lo contrario, como ocurriría con una casa mal construida, caería al primer viento huracanado. Hacer un buen marketing no es muy diferente. Requiere de unos pilares firmes y sólidos para no basarse simplemente en pura casualidad, y que con cualquier contingencia tu sistema de generación de prospectos acabe por secarse y desaparecer. Conocer el mercado en profundidad es una de las leyes más importantes del marketing. Como te decía en anteriores leyes, queremos un marketing de atracción. Para ello conocer los problemas y anhelos de tu mercado es clave, y no solo eso, debemos conocer qué los frena y qué los anima a tomar acción; a comprarte.

Qué es un mercado

El primer pilar relevante es entender qué es un mercado y cuál es el tuyo. Un mercado es un espacio ficticio donde se encuentran la oferta y la demanda de ciertos productos y servicios. Imagina por un momento que fabricas y vendes utensilios de cocina. Tu mercado sería todas las empresas que venden productos para el hogar, ya sean otras tiendas físicas u online, o bien algún gran mercado tipo Amazon. Ese sería tu mercado.

Ahora bien, enfocarse en todo el mercado es algo contraproducente, ya que las posibilidades de hacer visible tu empresa con mensajes generalistas son mínimas y caras debido a la gran competencia y su dificultad de llegar a tu cliente. Es por eso que es clave que definas dentro de tu gran mercado, aquel que corresponda a tu mercado ideal, ya sea por tipo de producto, rentabilidad, interés, etc.

Siguiendo el ejemplo del fabricante de utensilios de cocina, su mercado ideal podrían ser tiendas online que vendan utensilios fabricados en silicona, reduciéndolo por ubicación y característica relevante del producto. Esto le permitirá eliminar la gran mayoría de competidores y enfocarse únicamente en la parte de ese mercado que quiere dominar: *la venta online de utensilios de cocina en silicona*. La competencia se reduce al mínimo, los proveedores también y los clientes casi serán exclusivos para él.

¿Ves la diferencia entre mercado y mercado ideal? Tienes que enfocarte en tu mercado ideal, intentando salir de tu mercado generalista, un océano rojo de competencia que no te permitirá diferenciarte, para poder irte a uno azul donde tú seas el rey, la cabeza de ratón y no la cola de león.

Tu cliente ideal

Otro elemento fundamental para cumplir la ley del conocimiento de mercado es definir y conocer quién es precisamente ese cliente ideal dentro de ese mercado que has definido previamente. Son muchas las empresas que salen a captar clientes disparando a todos los compradores de su sector, a ver quién cae. Eso es un tremendo error. Las empresas de éxito nunca lo hacen. Salir a promocionar tu producto sin tener claro quién es tu comprador ideal hará que tardes mucho más tiempo en conseguir visibilidad y tener un negocio exitoso.

Si sales con una propuesta específica y diferenciada para un mercado y cliente ideal en la cabeza, teniendo en cuenta quién busca la solución y contrata, las posibilidades de éxito son mucho mayores y en menos tiempo. Tu visibilidad se dispara y tu mensaje es mucho más cuidado y pulido. Tu propuesta empatizará al 100% con esas personas porque estará diseñada para ellas. Dentro de un mar de mensajes confusos y rodeados de ruido como es el entorno en el que actualmente nos encontramos, donde la atención está concentrada en gran parte de manera virtual.

Y ahora dime, *¿tienes definido claramente quién es tu mercado y cliente ideal?* Si aún no lo tienes definido a continuación podrás encontrar un plan de acción para que lo apliques hoy mismo y que te ayudará a diseñarlo.

Cómo definir tu mercado ideal si aún no tienes clientes

En el caso de que aún no tengas clientes, mi recomendación es que hagas un boceto de tu mercado ideal basándote en los siguientes pasos que a continuación te detallo.

En primer lugar, debe ser un mercado con el que tengas experiencia trabajando de manera indirecta, ya que eso afectará al éxito de tu marketing. Por ejemplo, que conozcas la industria y los entresijos de esta. Conocer el mercado lo cambia todo y acelerará tus posibilidades de éxito. Gran parte del fracaso de las empresas es por no conocer en profundidad en las aguas que se mueven; sus posibles amenazas y oportunidades.

En segundo lugar, debe ser un mercado que sea rentable de conseguir y que sea capaz de pagar el precio que pides por tus productos y servicios. No todas las industrias son rentables de promocionar, por lo que este punto es de suma importancia. Además, si tu industria está menguando y cayendo, muy difícilmente podrás vender porque no habrá compradores suficientes.

En tercer lugar, y último, pero no menos importante, debe ser un mercado con el que creas, que te gustará trabajar día tras día, y aunque te dé dolores de cabeza, todos lo hacen, no olvides que solucionas problemas, siempre atiendas con una sonrisa. Recuerda que tendrás que estar con él codo con codo. No lo olvides.

Cómo definir tu mercado ideal si ya tienes clientes

En este caso debemos dejar a un lado las suposiciones e irnos a los datos. ¿Cómo puedes saber quién es tu mercado ideal? Muy fácil, saca un listado de los clientes con los que has trabajado durante los últimos años. Analiza qué mercados y clientes han sido más rentables, con los que has trabajado mejor y si fuera posible rezarías todas las noches para que volvieran a entrar clientes como esos. Ese es tu mercado y cliente ideal. Si te enfocas en esos clientes que han representado el gran valor de tu negocio, tan solo tienes que replicar lo que hiciste con ellos para atraerlos. Estamos hablando de repeler y de atraer. Tienes que tener claro a qué mercado ideal te diriges y qué clientes quieres atraer y a quién repeler. En la vida, como en los negocios, todo es cuestión de atracción y repulsión. No lo olvides. En el marketing pasa exactamente igual. Debes saber qué tipo de compradores quieres atraer y cuáles repeler para que tu marketing tenga un foco claro, como un rayo láser.

5. Ley de los Problemas Urgentes

CONQUISTA TU MERCADO

Te cuento algo muy personal. Desde hace bastantes años tengo una hernia discal. Dicen los médicos que es la típica hernia del oficinista. El que se lleva muchas horas delante del ordenador escribiendo y trabajando; es decir, yo. Pues bien, aunque en general no me duele, tiene épocas que sí lo hace. Y bastante. Es horrible. Tanto que llega a incapacitarme y a obsesionarme con ella. Mi cerebro en tiempos donde no me duele no está buscando de manera activa soluciones a este problema, ni tan siquiera se acuerda de que la tengo ahí dispuesta a despertar para fastidiarme. Ahora bien, si aparece algún anuncio relacionado con hernias de disco, siempre me suelo parar a echar un vistazo porque mi cerebro está atento. Está hambriento de esta información porque para él es un tema prioritario. Aunque no me acuerde de ello.

En momentos de crisis aguda, el dolor me hace buscar información en Internet de manera activa, ya sabes: *"cómo eliminar el dolor de espalda"*, lo tecleo en Google cada vez que me pasa. Lo que hacemos todos cuando tenemos problemas y recurrimos a Google para que nos lo solucione, o empeore, nunca se sabe como acabará todo. En épocas de no dolor, mi cerebro sigue escaneando mensajes relacionados con ese problema de salud. Sin darme cuenta de ello. Mi cerebro trabaja por su cuenta y está alerta a todo lo que tenga que ver con hernias de disco y dolor de espalda para avisarme si algo es interesante, como buen asistente personal.

Pues bien, en tu caso como empresa, tú vendes soluciones a problemas, pero no problemas del día a día, sino problemas urgentes y que a veces están en modo agudo y otras veces simplemente latentes, pero son crónicos. Tal como te explicaba con la analogía del problema de espalda que tengo. A propósito de mi historia, muy corriente, tanto que me parece muy mundana, llegamos a la ley de los problemas urgentes.

Si deseas hacer un buen marketing debes entender que las personas tomamos acción cuando tenemos el problema de frente y nunca, o casi nunca en la prevención. Solamente cuando haya un peligro inminente, masivo y bien percibido podemos trabajar correctamente la prevención. Es el caso de los seguros, por ejemplo. Pero es muy costoso y poco rentable intentar educar a tu mercado en la prevención directamente sin que esté el problema en estado latente, ya sea agudo o crónico.

En la prevención, son los gobiernos y grandes corporaciones los que educan, ya que tienen muchos recursos para invertir y crear necesidades. Tú como emprendedor o profesional del marketing debes irte a problemas urgentes y agudos de ahora, no de mañana. Tú no estás para educar, sino para persuadir de que eres el catalizador que ayudará a tu cliente ideal a pasar de un estadio de dolor a otro de solución que ya percibe como tal.

El marketing es satisfacer problemas y anhelos. Pero no es lo mismo un problema urgente y agudo, qué crónico. Tampoco es lo mismo un deseo que un anhelo. El grado de impulso y motivación a la acción es mayor en el problema agudo y en el anhelo. Estos impulsos *"incordian"* la vida de tu cliente y le impiden seguir avanzando de manera natural; ser feliz. Tu objetivo es entender en detalle lo que hay detrás de la acción de tus potenciales clientes: *¿por qué compran tus productos y servicios? ¿Qué los mueve a ello? ¿Qué problemas tienen? ¿Qué anhelos? ¿Qué emociones hay detrás?*

Existen muchos problemas y anhelos por los que las personas compran un producto o servicio. Normalmente son emocionales. Están anclados en lo más profundo de la persona. De hecho, solemos comprar movidos por la emoción y nos justificamos con la razón. A continuación te detallo algunos de ellos:

- *Para satisfacer su curiosidad.*
- *Para hacer dinero.*
- *Para ahorrar tiempo.*
- *Para ahorrar esfuerzo.*
- *Para lograr comodidad.*
- *Para tener mayor salud.*
- *Para ser más popular.*
- *Para lograr placer y disfrute.*
- *Para sentirse limpio.*
- *Para estar en la moda.*
- *Para satisfacer el apetito.*
- *Para ser exitoso.*
- *Para gustar.*
- *Para proteger.*
- *Para ser amado.*

En definitiva, las personas compran movidas por razones más emocionales que racionales, aunque al final suelen justificar con la razón esa compra. Incluso las empresas compran movidas por razones emocionales porque el que está detrás de esa decisión de compra es una persona que tiene motivaciones personales, tanto internas como externas. Una empresa está compuesta por personas, no lo olvides. No es una entidad inerte sino que está viva y es emocional.

Qué buscan las empresas cuando compran

A nivel empresarial, por ejemplo, existen muchos deseos profundos en las empresas que las motivan a comprar a unos u otros proveedores, como por ejemplo el crecimiento, el posicionamiento líder en el mercado, y muchos otros deseos que si bien no son problemas, sí son anhelos profundos. Que a fin de cuenta son motores de acción.

Normalmente, suelen ser tres los que toda empresa busca:

- *Aumentar los beneficios de la empresa. Ganar más dinero.*
- *Disminuir los gastos y costes. Ahorrar dinero.*
- *Aumentar su competitividad en el mercado. Superar a la competencia y hacerse líderes.*

Todo lo que comuniques en tu marketing como beneficio transformador de la empresa debe llevar a estos problemas y anhelos finales. Anhelos que son los que les interesan a los clientes. Nada más. Aquello que no deja dormir por las noches a tu cliente ideal.

Pensemos por un momento que eres una consultora de calidad. Tu trabajo es implementar sistemas de calidad con los que certificar los productos y servicios de tus clientes para cumplir la normativa vigente. Pues bien, tu cliente ideal, una empresa productora de tomates, necesita de tu ayuda para implementar el sistema. Hasta ahí claro, pero bueno, ellos lo saben, pero el día a día los consume y es un tema que está ahí dormido, latente.

Ahora bien, tu comprador ideal, es decir, el gerente o responsable, el otro día hablan con él los comerciales y le dicen que para entrar a proveer de tomates a una gran cadena de supermercados tienen que tener ciertas certificaciones. Y lo más importante es que esta empresa de gran distribución ha tenido problemas con su actual proveedor de tomates y está buscando nuevos productores con los que trabajar. Eso sí, para ello, requiere de la implementación de un sistema de calidad donde se respeten ciertas normativas.

Lo que antes era una necesidad; implementar un sistema de calidad en la empresa, se ha convertido en un problema urgente de necesaria ejecución. Lo más razonable es que el gerente (o algún subordinado) busque en Google *"certificación calidad para empresa agraria"*, *"empresas de certificación calidad tomate"*. Ahí tenemos el problema urgente que a tu comprador ideal no dejará dormir hasta que lo solucione. Un problema que hace dos días era una necesidad entre tantas en el día a día de una empresa, pero que a día de hoy se ha convertido en un problema urgente de máxima prioridad. Tu objetivo, como primer paso para atraer clientes a tu negocio de consultoría de calidad, sería posicionarte con esas palabras claves que apelan al problema urgente de tu cliente ideal y aparecer en esas búsquedas de Google, por ejemplo. Entre otras estrategias, claro está.

Definir el problema urgente o anhelo de tu cliente ideal es clave para posicionarte rápidamente en tu mercado. Con ello conseguirás una rápida visibilidad, ya que irás como flecha hacia los problemas de quien deseas atraer. Muy al contrario de lo que hace el 99% de las empresas que están más enfocadas en sus propios productos y servicios sin profundizar en los problemas reales de los clientes a los que quieren atraer. Con lo que les es muy difícil que los clientes se interesen por sus productos o servicios porque no apelan a sus intereses y dolores de cabeza.

Volvamos a los negocios. Te pongo otro ejemplo. Imagina que tienes una empresa de fabricación de mamparas de ducha y tienes un problema con los costes. Cada día son más altos (electricidad, acero, etc.) por lo que crees que ciertos componentes deberías fabricarlos en

China para así reducir costes por ahí. Día a día este pensamiento está latente: *fabricar en China los componentes que representan mayor cuantía en el global de fabricación.* El problema es que no encuentras a nadie que te ayude, es decir, una empresa experta que sepa cómo conseguir proveedores fiables chinos, transmitir la información de manera correcta, supervisar la fabricación e importar de manera fiable. En este ejemplo, podrían darse dos casos de problemas urgentes:

Primer caso. Imagina que uno de tus comerciales está a punto de cerrar una gran operación con una distribuidora de muebles para proveerle un modelo de mamparas de ducha. El problema es que compites con otro fabricante cuyo producto es algo más barato. Al final se lleva el trato tu competidor. Por ese pequeño porcentaje económico.

Ahí es cuando a tu mente aparece el problema urgente de fabricar en China ciertos componentes para abaratar costes y no vuelvas a perder otra operación tan importante. Te duele y mucho. Has perdido una gran operación que podría significar un antes y un después en tu empresa. Tu deseo es buscar a alguien que te ayude a fabricar fuera. Además, estás que te subes por las paredes porque has perdido al mejor cliente que puedes tener.

Es entonces cuando seguramente vayas a Google y busques *"expertos en fabricación en China", "cómo fabricar componentes en China".* Si eres una empresa de consultoría de fabricación en China, deberías aparecer número uno en esas búsquedas pagando con anuncios o de manera orgánica a través de posicionamiento SEO. Las posibilidades de que se pongan en contacto contigo para más información sobre tus servicios son muy altas, ya que este fabricante de mamparas está en modo *"problema urgente y agudo".* Es decir, está que se sube por las paredes, no lo olvides.

Segundo caso. Volviendo al ejemplo de la fabricación en China, se te ha pasado el enfado con el mundo después de haber perdido la posibilidad de trabajar con ese gran distribuidor. Todo sigue con normalidad. El problema urgente agudo ya pasó pero aún está ahí, aunque menos intenso. Sabes que vas un poco más caro que el resto de tus competidores, pero vas vendiendo con un buen equipo comercial. De repente, un día ves un anuncio en Internet de una empresa que te ayuda a fabricar componentes en China. Por supuesto te paras, tu cerebro, aunque no estés en problema urgente agudo, sí está siempre escaneando este tipo de información. Le interesa. Pues bien, ¿harás clic o no? Pues claro que sí. Seguramente llegues a una página de una empresa donde ofrezca estos servicios o bien te regale un reporte sobre tu problemática con el objetivo de incluirte en su base de datos y hacerte seguimiento por email o teléfono. El caso es que ahora el problema urgente es crónico y no agudo, y eso puede que te limite a la hora de pedir información. Pero para eso hay estrategias de captación de clientes. Aun así, querrás saber de esa empresa. Sin ninguna duda.

Como has podido observar, es clave que tengas definido claramente el problema urgente que tú como empresa solucionas a tu mercado. Aquel problema que a veces será agudo y siempre crónico en estado latente. Lo suficiente para que la persona que va a firmar tu propuesta busque, y cuyo cerebro esté atento a ese tipo de ofertas. No todos los problemas urgentes tienen igual peso en la vida de tu cliente ideal. Unos suponen grandes pérdidas y otros poco más que algún malestar. El problema urgente que tú solucionas como empresa tiene que doler, y doler mucho para que esa persona tome acción, de lo contrario pasará por alto tu propuesta. Tu cliente ideal tiene prioridades, tu solución tiene que estar entre las primeras, de lo contrario no habrá magia.

Plan de acción para DEFINIR los problemas urgentes de tu mercado

Y ahora hagamos nuestro plan de acción para definir los problemas urgentes de tu mercado. Siéntate cómodamente en tu sillón y pregúntate:

• *¿Qué problema urgente o deseo tiene mi mercado?* Vete a lo emocional y justifícalo con la razón, que será lo que haga tu cliente. No olvides que *"la emoción venden y la razón justifica".*

• Dentro de esos problemas urgentes o deseos, *¿cuándo están en estadios agudos tanto de dolor como de deseo?* Tienen que estar en el mayor nivel de dolor o deseo para que tus potenciales clientes tomen acción y esté tu producto o servicio listo para ofrecerles la solución.

Una vez que tienes detectado todos estos problemas y anhelos, es importante que todo tu marketing, comunicación y estrategia de venta esté enfocada en resaltar y apelar a esos problemas y anhelos que quitan el sueño a tu mercado. Será la forma más directa de conquistarlo y llamar su atención. No olvides que nadie quiere comprar nada, eso sí, todos queremos solucionar nuestros problemas. Así que no vendas; *apela a sus problemas y muestra la solución.*

6. Ley de los Clientes Robados

CONQUISTA TU MERCADO

En el libro *El Arte De La Guerra* de Sun Tzu puedes encontrar una frase que es pura sabiduría: *"si conoces al enemigo y te conoces a ti mismo, no debes temer el resultado de cien batallas"*. ¿Resuena en tu mente? Para mí tiene todo el sentido cuando nos enfrentamos a la jungla del mercado, donde una estrategia correcta es la mitad de la victoria. En marketing se aplica al 100%, ya que, al final, no dejamos de estar en una lucha de percepciones. Conocerte como empresa y conocer con quién te está comparando tu cliente a la hora de tomar una decisión de compra es clave. Y no estamos hablando de ser mejor que tu competencia en todo, sino en aquellos aspectos que tu cliente considera de mayor valía para él.

Cuando conoces muy bien las fortalezas y debilidades de tu negocio y de tu competencia, y conoces al detalle cuál es tu posición dentro del mercado, tomando en cuenta a tus rivales y sustitutos, entonces no necesitarás compararte para diferenciarte, sino ofrecer algo especial y único para posicionarte y robarle los clientes. De ahí que sea tan importante esta ley. ¿Y por qué la he llamado la ley de los clientes robados? Porque estamos en una batalla de robar clientes. Es decir, los clientes que no se vayan contigo se irán con tu competencia. Así de claro.

No es que no hagan nada. No es que no compren tu producto, sino que los "robará" tu competencia. Y por supuesto, competencia tendrás y mucha. No lo dudes. La competencia en todos los mercados es feroz y si no la tienes es porque eres el primero o bien ese tipo de negocio no es demasiado rentable. El marketing es una batalla de robar clientes. No lo olvides.

Conociendo a tu competencia

Para conocer a tu competencia, y evitar que te roben a tus clientes, es necesario que estudies a quién compra tu cliente la solución a sus problemas. Hazte la siguiente pregunta: *¿a quién está comprando mi cliente ideal?* Una vez tengas detectado quién es tu competencia, es importante que investigues en ella y entiendas cómo funcionan, con el objetivo que puedas diferenciarte por algo que tu cliente valore y donde ellos no se hayan posicionado.

Para ello hazte las siguientes preguntas:

- *¿Tienen al mismo cliente que yo?*
- *¿Qué productos y servicios ofrecen?*
- *¿Cómo ofrecen estos productos y servicios?*
- *¿Cómo es su reputación en el mercado?*
- *¿Qué hacen muy bien?*
- *¿Qué hacen muy mal?*
- *¿Qué los hace únicos?*

Todos tenemos elementos que nos diferencian del resto de las personas, tanto a nivel físico, mental o espiritual. Somos diferentes unos de otros en unos u otros aspectos. En las empresas pasa igual, ninguna es idéntica a otra, ya sea por su trayectoria, por sus años de experiencia, conocimiento del mercado. Es fundamental que cuando quieras alcanzar un tipo de cliente ideal sepas quién es tu competencia y lo que te hace diferente de ella. Aquel elemento que te hace único y que nadie te puede robar porque es parte de tus principios, de tu forma de trabajar, de tu esencia como empresa.

Hazte la siguiente pregunta: *¿qué hace a mi empresa única frente a mi competencia y que no me puede robar ningún competidor?* Ese puede ser un fantástico ángulo de diferenciación. Hay aspectos de las empresas que nadie te puede quitar, por ejemplo, el año de su fundación. Un gran reclamo para dar seguridad. Si tu empresa se fundó hace 50 años y tu competencia solo hace 10 años, sería una gran estrategia diferenciarte por la experiencia: *50 años satisfaciendo las necesidades de nuestros clientes*. 50 son muchos años y todo cliente se sentirá atraído por ello.

Tuve una experiencia con un cliente que tenía una gran trayectoria en el mercado, en el que detecté que sus clientes los elegían a ellos por sus años en el mercado, y no solo eso, también por su presencia en el mundo. El resto de la competencia era mucho más joven y no tenía tal presencia internacional. De hecho, destacamos que, como en el ejemplo, llevaba más de 50 años en el mercado y que no solamente estaba presente en algunos países del mundo, sino que contamos el número de ellos y lo declaramos en su publicidad: *estamos presentes en 108 países del mundo*. 108 países son muchos países, ¿verdad? Mucho mejor que si decimos *"en todo el mundo"*. Queda genérico y sin base; un poco vendehumos.

Sin llegar a obsesionarte con tu competencia, algo que constantemente debes hacer es analizarla de una manera objetiva y desde el punto de vista de tu cliente. Piensa que este tomará las dos propuestas y buscará elementos diferenciadores. Las personas nos movemos por la vida a través de la comparación. Sabemos que algo es bueno porque hemos experimentado lo malo, y viceversa. Al igual que, no todo el mundo percibe lo mismo, ni tiene la misma importancia para ellos. Debes entender que esta ley es clave, ya que clientes que no trabajen contigo lo harán con tu competencia. Intenta ser sincero contigo mismo y analiza aquello que aún coloca a tu negocio por debajo de tus competidores, no es malo, simplemente son datos que debes conocer para evolucionar y mejorar como empresa.

¿Es bueno indicar esa diferencia en tu propuesta aunque vaya en tu contra? Puede ser. Habría que analizar el caso, pero a veces una verdad sincera, tu mercado lo verá como transparencia y puede que te ayude a mejorar tu valoración. Imagina que, al contrario que mi cliente, tu experiencia en el mercado es de poco tiempo. Eso lo sabe tu cliente ideal y te compara con otra empresa que sí lleva muchos años. Un argumento para anular esa "desventaja" sería indicarlo y justificar que no es tan importante con una frase como: *"somos una empresa joven que ha escuchado las quejas del mercado."*

Con esta declaración, muestras que eres una empresa joven, pero que, al contrario que los que llevan en el mercado muchos años, tu sí has solucionado las quejas que suele tener el mercado con el proveedor actual. Como te decía, no tienes que ser perfecto, sino mejor en aquello que tu cliente ideal percibe como un elemento diferenciador. Destácalo y tenlo siempre presente, aunque a veces indiques en lo que no eres tan bueno o no tienes características que destaquen sobre tu competencia.

Tener competencia es un indicador maravilloso del estado de salud de tu mercado. Tan solo tienes que superarlos y robarles a sus clientes, algo muy sencillo si sabes analizar y sacar partido de aquello que tienes de bueno y que ellos tienen de malo.

Plan de acción para robarles los clientes a tu competencia

Y ahora vamos a nuestro plan de acción para robarles los clientes a tu competencia y conquistar tu mercado.

• Toma una hoja y crea dos columnas, una columna para tu empresa y otra para tu competencia.

• En cada columna, dibuja otras dos columnas y pon las palabras FORTALEZAS y DEBILIDADES.

• Analiza las fortalezas y debilidades de tu empresa y de tu competidor principal, añadiéndole un valor de 1 a 10 a cada una de ellas.

• En las fortalezas de tu negocio, aquel valor mayor es donde tienes que enfocar tu mensaje diferenciador, mientras que en las debilidades con mayor valor es donde tienes que minimizar su impacto y justificarlo, como en el ejemplo que te he mencionado en esta ley cuando hablábamos de la poca experiencia de esa empresa.

• En la columna de tu competencia, las fortalezas que más valor hayan obtenido tienes que contraatacarlas y eclipsarlas con argumentos que le quiten importancia, y sus mayores debilidades debes sacarlas a la luz y potenciarlas en tus argumentos de venta para destacar sobre ellas.

Aquí tendrás una estrategia de ataque excelente. Con garantías para robarles los clientes a tu competencia y conquistar tu mercado. Recuerda que clientes que no se vayan contigo se irán con tu competencia, así que manos a la obra y a robar esos clientes.

7. Ley del Embudo

CONQUISTA TU MERCADO

Imagina que te encuentras con un dilema; debes transportar agua desde un punto A a un punto B, y debes hacerlo mediante tuberías en un terreno algo escarpado, tanto que no puedes hacerlo en línea recta. Para ello colocas una tubería en el punto A que representa a tu fuente de agua, luego otra a la izquierda para superar una roca, luego otra a la derecha para volver a la línea, y así sucesivamente. Hasta que llegas al punto B. Has creado un sistema hidráulico para llevar agua desde el punto A al punto B. Eso sí, te das cuenta de que el caudal de un punto y del otro no son iguales, ya que han habido pérdidas en el camino. Aun así, el caudal que entra es el máximo teniendo en cuenta el terreno y las condiciones.

He utilizado este símil para explicarte otra de las leyes que me parecen más interesantes y que la mayoría de las empresas y expertos en marketing no tienen muy en cuenta, y es la de crear sistemas. Tal como el ejemplo del agua. Embudos de marketing donde desde un punto A tengamos una fuente de clientes que lleguen al punto B, que representaría la venta. Dentro de estos embudos encontramos dos tipos: *el embudo de prospección* y *el embudo de ventas*. El de prospección es aquel que va desde que un potencial cliente encuentra tu empresa, producto o servicio hasta que tiene una primera interacción contigo, es decir, te pide más información o un presupuesto, por ejemplo.

El embudo de ventas lo consideramos desde que esa persona tiene esa primera interacción directa contigo hasta que se hace cliente tuyo. Son dos fases fundamentales, y que desde el punto de vista de marketing, hay que abordar de manera distinta. El embudo de prospección es todo el recorrido que hace tu cliente ideal, desde que ve tu mensaje hasta que tiene una primera interacción contigo, y el de venta desde ahí hasta que aprueba tu presupuesto.

Me gusta poner la analogía de los sistemas hidráulicos, ya que al final es como una tubería con agua donde entra una cierta cantidad de caudal y llega a tu grifo una parte pequeña de todo este. El resto se ha perdido en el camino, se lo ha llevado otro vecino, se ha evaporado, ha ido a parar a otra parte de tu ciudad.

En el marketing y en la venta pasa igual, a tu embudo de prospección entrará una cierta cantidad de potenciales clientes y llegará una mínima parte porque algunos no harán nada, otros simplemente no están interesados, otros no son tu cliente ideal, otros se van con tu competidor, otros se olvidan de esa necesidad. Por lo tanto, cuanto más cantidad de potenciales clientes ideales metas en esa primera fase, más cantidad de primeras interacciones tendrás. Es así de sencillo. Los clientes que entran por los que salen.

No existe un único embudo de prospección para todos los productos y servicios. Todo dependerá de dónde está tu cliente ideal, cómo puedes hacer llegar tu mensaje magnético, cómo puedes impactar de manera constante y masiva para generar interés, deseo, rebatir objeciones y potenciar justificaciones, y cómo pueden tomar acción. Cada mercado tendrá un embudo de prospección ideal.

En cambio, el embudo de ventas es la segunda parte del embudo total y entraría desde la interacción directa contigo, es decir, desde el momento en que te escribe un email, responde a un boletín, te llama por teléfono, hasta que se ha cerrado esa venta. Por supuesto, en este embudo irán incluidas las diferentes reuniones, la presentación de tu propuesta comercial y el seguimiento directo de esta, en el caso de que tu mercado fuera *B2B (business to business)*. Por el contrario, en mercados *B2C (business to customers)* donde nos dirigimos a un público final, sería la parte desde que está en nuestra tienda hasta que compra, por ejemplo. No incluye cómo ha llegado a ella, tanto si la tienda es digital como física, ya que eso sería parte del embudo de prospección.

Al igual que ocurre con el embudo de prospección, el número de potenciales clientes que compran irán disminuyendo a medida que vamos desplazándonos por él, es decir, las personas que entran en interacción directa contigo será mayor que aquellas con las que al final acabas teniendo una primera reunión o compran tu producto directamente. Si se ponen en contacto contigo 100 personas y solo llegas a venderle a 25, entonces tienes un porcentaje de conversión del 25%, es decir, una de cada cuatro personas han comprado. A medidas que vamos bajando por el embudo, más oportunidades caerán hasta que llegamos a cerrar una pequeña parte de todas aquellas interacciones directas que se han llegado a dar. Es por eso que, cuanto más interacciones directas tengas con tu mercado mejores resultados obtendrás.

Cuando hagas marketing para tu empresa o como profesional para un cliente, debes pensar en sistemas hidráulicos donde el cliente representa gotas de agua. El marketing es mucho más parecido a la ingeniería de lo que puedes imaginarte. Debes poder crear un boceto de todo el recorrido que hará tu cliente hasta que compra tu producto o servicio. Te ayudará a ver posibles fallas, fricciones que hacen que pierdas caudal de clientes.

Creando tus embudos de prospección y de ventaS

Te recomiendo que cuando quieras dibujar tus embudos de prospección y venta, utilices los flujos para hacerlo con figuras que representen cada uno de estos puntos claves de tu sistema. Hazte las siguientes preguntas:

- *¿De dónde vienen tus potenciales clientes? ¿Cuál es la fuente ideal de prospectos?* Desde ahí saldrá tu embudo de prospección. Será la primera fase, el lugar de donde provienen tus potenciales clientes. Esta fase pueden ser redes sociales, base de datos, presentación en un evento, una feria de muestras.

- *¿Qué hacen cuando ven tu mensaje de prospección? ¿Dónde los llevas para hacerles seguimiento?* Es la segunda etapa. Aquí el objetivo es recabar datos para hacerles un seguimiento mucho más cercano a través de campañas de emails, teléfonos. Tomar datos de potenciales clientes es fundamental.

- *¿Qué haces una vez que tienes el contacto para ganarte la credibilidad y confianza? ¿Los llamas por teléfono? ¿Les envías algún email? ¿Qué nivel de conversión a contacto tienes?* En esta fase te enfocarás en tener un sistema de seguimiento donde poder impactar de manera constante en tu potencial cliente, de forma que te ganes la credibilidad y confianza que toda empresa necesita para que quieran saber más.

- *¿Qué ocurre cuando te llaman para pedir más información? ¿Qué nivel de conversión tienes de contacto a potencial cliente?* Esta fase es mágica, ya que es cuando se produce una primera interacción uno a uno con tu empresa. Es por eso que es muy delicada porque una mala imagen o percepción tirará por tierra todo tu trabajo de prospección.

• *¿Cómo haces el seguimiento de la propuesta comercial? ¿Qué pasos sigues?* Una vez que has presentado tu propuesta, presupuesto o la información que te ha solicitado tu potencial cliente, es hora de hacerle seguimiento, de lo contrario puede que no cierres la venta. No porque no le interese, sino porque se les olvida. Las personas no estamos todo el día pensando en tu producto, tenemos muchos otros problemas en la cabeza más importantes.

• *¿Cuándo y cómo se suele hacer la venta? ¿Qué nivel de conversión respecto al paso anterior tienes?* Por último, se llega a lo que todos buscamos: *vender*. Es ahí cuando finaliza tu embudo de ventas. El momento en que se dibujará una sonrisa en tu cara; la venta.

Recuerda esta ley; trabaja con sistemas y embudos. Conoce al dedillo todo el recorrido que debe hacer tu prospecto hasta que se hace cliente tuyo. Esta ley es sumamente importante porque te permitirá tener una visión estratégica de tu marketing y te ayudará a conquistar tu mercado sin suposiciones, solo con datos objetivos en la mesa.

8. Ley del Progreso

CONQUISTA TU MERCADO

Ana veía como cada día tenía menos clientes en su negocio de estética. Le echaba la culpa a la situación del mercado. - *Todo está mal. La gente no tiene dinero.* - decía. Si mirábamos en detalle la situación de su mercado, en realidad no estaba tan mal, tal como ella decía. La verdad es que a su competidora más cercana, unas calles más abajo, le iba bastante bien. De hecho, no dejaba de tener clientes de calidad que demandaban sus servicios estéticos. ¿Por qué a su competidora le iba bien y a ella no? Había varios motivos. Uno era su visibilidad digital. Ana se había quedado en la forma antigua de atraer clientes: *por necesidad y cercanía.* Desconocía que en los tiempos en que vivimos, por necesidad hay muchos otros negocios que ofrecen su servicio, y por cercanía las clientas buscaban algo más, un valor añadido aunque tuvieran que desplazarse. Las clientas que necesitaba Ana para tener éxito eran por deseo de ser atendidas por ella. Deseaban verse guapas y que fuera Ana la artífice de ello.

Mientras que su competidora había entendido que debía ser visible en redes sociales donde mostrar sus peinados, maquillajes, concursos de belleza, trucos estéticos, Ana simplemente se limitaba a esperar que llegaran las clientas como le había ocurrido siempre. Se negaba a exponerse a Internet y eso, en realidad, es un camino rápido al cierre porque todos estamos en la red, de una manera u otra.

Ese odio a la tecnología lo había transmitido a su negocio y eso le estaba perjudicando, tanto que al final su flujo de clientes se estaba secando y la gran mayoría se iban con su competencia más directa que sí aportaba mucho valor en la red, y con la que habían conectado de una manera mucho más emocional.

Internet es sinónimo de tecnología, de progreso, de comunicación, de eso no hay la menor duda. Es por ello, que la tecnología siempre ha estado y estará muy presente en la vida del marketing, porque el marketing es pura comunicación y si esta cambia también lo hará el marketing. La tecnología será tu arma de batalla, ahora bien, podrá convertirse en tu mejor aliada o tu peor enemiga, tú decides cómo considerarla. No hay ninguna duda, que el mundo se ha vuelto digital, si bien es cierto que la realidad sigue siendo aún muy analógica, pero hay que reconocer que la digitalización de la sociedad es cada día más obvia.

Todo pasa por Internet y los entornos digitales, de manera directa o indirectamente. Esta nueva realidad nos ha cambiado la vida a todos en cada uno de los aspectos de esta. Por supuesto, no podría ser menos el de los negocios donde, en mayor o menor medida, pasa por tener que implementar la tecnología.

Teniendo en cuenta que cada día estamos más conectados y pasamos más horas en diferentes entornos digitales, esto hace que tu potencial cliente también lo esté, por lo que es fundamental que te encuentres donde ellos se congreguen. De ahí de la importancia de entender cómo funciona la red y cómo subirse al progreso para atraer más clientes y llevar a tu empresa al nivel que deseas.

Con ello no quiero decir que debas dejar de lado el mundo analógico, en absoluto. Existen muchas formas de atraer clientes sin pisar una pista digital, no obstante aquí hablamos del mundo digital, al que en algunas ocasiones combinaremos con el mundo más off-line, ya que las personas vivimos en los dos mundos. De manera natural son combinados en las empresas y a nivel particular. Tú como empresa debes estar en ambos de manera estratégica y entendiendo cómo funcionan cada uno por separado y en relación.

Cada día, la tecnología se está haciendo más amigable para el individuo medio. Las grandes empresas tecnológicas están interesadas en conseguir más masa de usuarios para venderles. De ahí que es importante que estés dispuesto a entender cómo llegar a tus clientes a través de estos medios. El miedo a la tecnología no puede limitar el éxito de tu negocio. Tienes que tomar el toro por los cuernos y aprender a manejar las herramientas de tu marketing. No son muchas. El miedo a la tecnología te sacará del mercado, afectará a tu negocio de manera clara y directa. No puedes tenerle miedo a algo que va a estar ahí con nosotros siempre.

Como te decía, el marketing es comunicación, y la comunicación a día de hoy es tecnología, por lo que debe gustarte, o por lo menos, aceptar que la tecnología va a formar parte de la vida de tu empresa. Darle las espaldas a una realidad tan obvia sería absurdo. Un buen emprendedor que desee atraer clientes tiene que involucrarse con la tecnología. Aquí no digo que tengas que estar todo el día investigando sobre la última herramienta o táctica para llegar a tu mercado, al contrario, sería hasta contraproducente, lo que no puedes ser es alérgico a esta.

Yo nací en el mundo analógico, aunque es cierto que siempre me atrajo la tecnología a medida que iba apareciendo. De hecho, en cuanto salió al mercado el ordenador personal ya me lo compraron mis padres. Siempre he fluido con la tecnología pero de una manera muy práctica. Tal como quiero que hagas tú. Lo suficientemente práctica para que este conocimiento te permita controlar tu marketing y no dejarlo en manos de otros que sí saben que la tecnología puede ser su mayor aliado.

No puedes permitirte el lujo de desvincularte de tu marketing digital por tu poca atracción hacia la tecnología y la investigación de nuevas herramientas. Eso puede ser muy contraproducente porque dependerás de las decisiones de aquellos a los que contrates para que lo hagan por ti. Y no está mal, de hecho abogo porque contrates las labores de empresas tecnológicas que aportan valor a tus resultados. Ahora bien, tienes qué conocer de primera mano aquello que vas a delegar para entender qué funciona en tu marketing y qué no.

Plan de acción para abrazar el progreso y conquistar tu mercado

- Interioriza la creencia de que el mundo es cada día más tecnológico y que tendrás que adaptar tu negocio sí o sí a él. No olvides que la clave está en comunicarte correctamente con tu mercado y la comunicación a día de hoy es tecnología, lo quieras o no.

- Mira la tecnología como tu aliada y no tu enemiga. Verás como te puede ayudar a llegar a muchas más personas y a simplificar todos tus procesos. La clave está en buscar lo que funciona y desechar todo el ruido y la distracción que esta puede ocasionar a tu empresa.

- Aprende a manejar los nuevos entornos digitales. La edad no puede ser una excusa para no lograrlo porque de lo contrario dependerás de otros para que puedas liderar en tu empresa. La tecnología te puede liberar, pero el no conocerla te puede hacer preso.

- Rodéate de personas que manejen la tecnología con sentido común, con números. Entendiendo que debe ser una palanca para atraer clientes, generar más ventas y seguir conquistado el mercado. No debe ser una pérdida de tiempo ni la excusa para complicar todos tus sistemas. Por ahí fuera, hay muchas empresas que están deseando venderte sistemas "revolucionarios" que solo complicarán tu día a día. Utiliza el sentido común.

• Disfruta y maravíllate de la tecnología. De todo lo que ha logrado el ser humano, donde ha llegado la humanidad. Fluye con ella y acepta que es fruto del progreso humano donde tú y tu empresa también sois partícipes y podéis aprovecharla para conquistar vuestro mercado.

9. Ley de los Clientes Olvidados

CONQUISTA TU MERCADO

Señor Álvarez, así era como le gustaba que lo llamaran. Una persona inaccesible para sus empleados y algo distante. Era dueño de una fábrica de productos envasados en un pequeño pueblo del interior de España. Era la típica fábrica del pueblo donde una gran parte de la población trabajaba en sus líneas de producción. Un día le cuentan que van a abrir otra fábrica de envasados en el pueblo. No le preocupaba porque no eran competencia de él. La nueva fábrica se instaló y pasaron los meses. El negocio iba bien, pero veía que cada día le costaba más contratar personal, de hecho estaban ocurriendo fenómenos que antes no pasaba como alguna que otra queja sindical. Investigando con el departamento de recursos humanos, observó que muchos de sus empleados se iban a la otra fábrica con mejores condiciones.

Estaba perdiendo empleados en un pueblo donde era muy difícil sustituirlos debido al número tan escaso de habitantes. Lo que aparentemente pensaba que no sería un problema a nivel de clientes si los estaba siendo a nivel de empleados. Se estaba quedando sin sus manos: *sus empleados*. El jefe de recursos humanos le comentó que los empleados tenían mejores condiciones en la otra fábrica, tenían más incentivos. En general estaban más a gusto trabajando para la otra fábrica; su competidor por los empleados. Esta atraía más que ellos, aprendiendo una de las leyes más importante del marketing: *no solo son importantes tus clientes, sino que incluso lo son más tus empleados.*

Existe una verdadera obsesión por los clientes a los que vendemos. Está claro que al final son los que nos pagan, pero, ¿qué hay de aquellos que no nos pagan con dinero, pero sí con lo más valioso de la vida? El tiempo. El tiempo es lo más importante que tenemos, es por eso que no solo son tus clientes prioritarios en tu empresa, sino también otros que son tus empleados, proveedores y organismos con los que tengas que trabajar. Los que yo llamo *clientes olvidados* y los que le dan nombre a esta ley.

No solo los que pagan por tus productos y servicios son tus clientes. También tienes a tus empleados que son clientes internos junto a los proveedores y organismos. Tienes que posicionar tu negocio en sus mentes. A tus empleados como la mejor empresa en la que trabajar, a tus proveedores como el mejor cliente al que atender y a los organismos como la mejor empresa a la que ayudar en materia de subvenciones, programas, impuestos, en un mundo con un Estado cada día más intervencionista. Todos ellos te van a ayudar a hacer próspero tu negocio y a conquistar tu mercado.

Como viste con el caso de la fábrica, no solo debemos atraer con nuestro marketing a los que nos van a pagar con dinero, sino a los que lo harán con su tiempo y atención. De lo contrario se irán con tu competidor. El marketing lo es todo en una empresa. No es solo vender el producto o servicio a quien lo compra, sino que tienes que lograr crear una organización atractiva donde el sentido de pertenencia sea positivo. Como te comentaba anteriormente, para ello tienes que tener un plan de marketing para atraer a estos cuatro tipos de clientes.

Tipos de clientes olvidados

Los compradores son aquellos que van a comprar tu producto o servicio. Dentro de este grupo tenemos a los compradores de una sola vez, los clientes y los evangelizadores de tu negocio, aquellos que te traerán otros clientes. No todos están en el mismo estadio de relación con tu empresa.

Los compradores de una sola vez, por ejemplo, te están probando. No son verdaderos clientes, ya que al mínimo error se irán con otro. Tienes que tener un plan de marketing para ellos, puesto que las posibilidades de devolver un producto en los primeros instantes después de la compra son siempre muy altas.

Los clientes son aquellos que vuelven más veces a comprarte y que son más rentables de mantener, puesto que el coste de adquisición de ese cliente ya se ha amortizado. Y por último, tenemos a los que más me gustan; los evangelizadores, que aparte de ser clientes, son prescriptores de tus productos o servicios, por los que te traen más clientes. Son verdaderos fans de lo que vendes. Harán todo lo posible por hablar bien de tu empresa a la mínima de cambio.

Hay mercados donde los evangelizadores son sumamente estratégicos debido a las redes sociales, ya que son ellos mismos los que viralizan tus productos con sus publicaciones en sus perfiles. Ahora bien, mucho cuidado con no atenderlos adecuadamente, no olvides que un cliente satisfecho no siempre hablará de ti, mientras que uno insatisfecho hablará siempre de lo poco satisfecho que ha quedado con tus productos, durante mucho tiempo.

Por otra parte, como clientes olvidados, tenemos a los empleados. Tus empleados también son un elemento fundamental, quizás el más importante por la gran inversión que has hecho en ellos. Son los que harán que puedas crear y vender tus productos y servicios. A estos también tienes que hacerles marketing y venderles tu organización.

Tienes que generarles el sentimiento de pertenencia que buscan para retenerlos y que no se vayan con tu competencia o con otra empresa, como ocurría en el ejemplo. La empresa que sueñan con ser parte de ella. Fíjate en Apple, sus propios empleados se enorgullecen de trabajar para ellos. No simplemente porque tengan un trabajo, sino por pertenecer a una empresa que les aumenta su reputación como profesionales. ¿Es lo mismo trabajar para Apple que para Vodafone? No. No tiene la misma repercusión social. Apple es sinónimo de innovación y modernidad, etiquetas que recaen en sus empleados también. Vodafone es una empresa de telecomunicaciones, que incluso puede ser negativa, ya que tienen un marketing muy molesto y que también afecta a la reputación de sus trabajadores. Trabajar en Vodafone no mola, trabajar en Apple sí.

En otro punto tenemos a los proveedores, otro grupo de clientes olvidados a los que tienes que cuidar y hacer marketing. Y tú te preguntarás; ¿qué tienen que ver los proveedores en mi marketing? Hemos dicho que el marketing lo es todo en tu empresa, desde la comunicación con tu audiencia hasta la comunicación con tus trabajadores. Los proveedores también tienen que sentir que, aparte de ganar dinero contigo porque les compras, es un orgullo proveerte de productos y servicios. Con ello lograrás más descuentos, mejorar los tiempos de entrega, mejor servicio. Como te decía, no todos te pagarán con dinero, pero sí con atención, aunque esta atención se traducirá en dinero con descuentos y ahorro en tiempo, por ejemplo. El objetivo es que para ellos tu empresa sea clave como cliente.

¿Cómo puedes tener un buen marketing a proveedores? Siendo un buen cliente para ellos. Un cliente que paga a tiempo, que es respetuoso con los comerciales que vienen a visitarlo, que es simpático, que es atractivo para el mercado. Todos quieren trabajar con los mejores. No lo olvides.

Por último, y no menos importante, tenemos a los organismos. Cuando hablo de organismos me refiero a organismos públicos, instituciones, organizaciones sin ánimo de lucro. Son entidades que, te gusten o no, debes que tener en cuenta, ya sea porque estás obligado a rendir cuentas o bien porque te interese a nivel de marketing y posicionamiento de marca.

Los organismos públicos con los que hagas buen marketing serán más proclives a cuidar a tu empresa en ciertas circunstancias, como pueden ser con ayudas, subvenciones o algún tipo de inconveniente que puedan ocasionarte, tipo legislación, licencia de actividad, normativa. Lo mismo que si tu empresa colabora con una organización sin ánimo de lucro, esto ayudará a mejorar su valoración en el mercado. ¿No has visto a los famosos que van a ayudar a organizaciones y luego salen en los medios de comunicación? No digo que no sea porque son buenas personas y quieren ayudar, no es mi intención, pero quien lo hace de *"motu proprio"* no sale tanto en las noticias, ¿no crees?

El marketing no se puede quedar como exclusivo de compradores. Eso sería tener una visión muy reducida de toda la capacidad de tu organización para atraer a tu mercado. Los mercados son poliédricos y no de una sola cara. Un cuerpo no solo vive de la sangre que bombea el corazón, sino que también tienen funciones claves cada uno de sus órganos: riñones, hígado, pulmones. El marketing, al igual que tu cuerpo, es un todo.

Plan de acción para cuidar a todos los clientes olvidados

- *¿Tienes un plan de marketing para "vender" tu empresa a tus empleados?* Hacerlos sentir que quieren trabajar contigo (atracción), que es el mejor lugar para trabajar (mantenimiento) y que la competencia les es indiferente (retención del talento). Tus empleados son lo más importante de tu empresa, no lo olvides.

- *¿Tienes un plan de marketing para "vender" tu empresa a tus proveedores?* Aquellos que te harán mejores descuentos, te atenderán antes, mejorarás las condiciones de venta. Tener un buen proveedor como aliado facilitará mucho tu labor atendiendo a tus clientes y a tu mercado. No olvides que eres parte de una cadena.

- *¿Tienes un plan de marketing para "vender" tu empresa a los organismos?* Organismos locales y estatales que te faciliten trámites, ayudas, promocionen tu empresa en sus estrategias de marketing. Recuerda tenerlos siempre de tu lado, de lo contrario te pueden ocasionar muchos dolores de cabeza.

Al final, los buenos queremos rodearnos de otras empresas y organismos de alta calidad. Si quieres ser una empresa de élite tienes que rodearte de la élite, a nivel de empleados, proveedores y entidades. No queda otra.

10. Ley de las 3 M

CONQUISTA TU MERCADO

¿Te gustan las apuestas? A mí en absoluto. Soy de los que opinan que la suerte no existe y es fruto de la causalidad. El problema es que muchas veces hay demasiadas causas que provocan tales efectos. En las apuestas hay demasiadas para tenerlas en cuenta. No obstante, en este caso haré una excepción, las utilizaré para explicarte esta ley. ¿Cuánto nos apostamos a que si le preguntas a varias personas qué es el marketing cada uno te contestaría algo diferente? Estoy completamente seguro. Yo lo he probado y nadie ha coincidido. Algunos, de hecho, tienen unos cacaos mentales y acaban por no saber exactamente ni que decir. Otros, en cambio, te sacan una definición sacada de algún máster o de la universidad que han aprendido de personas que en su vida han vendido nada.

Los que llevamos varias décadas vendiendo sabemos qué significa el marketing. Muchos hablan con términos complicados. Soy de los que piensan que aquellos que usan términos complicados y que no entiende ni Dios para definir un concepto, lo hacen para disfrazar su propia ignorancia sobre el tema. La complejidad está sobrevalorada. Lo simple, denostado.

Muchos hablan de las 4 P del marketing: *precio, plaza, promoción y producto*. Tengo mis dudas. Mi definición es bien sencilla: *el marketing es hacer que un desconocido se convierta en "evangelizador" de tus productos y servicios para que te traiga más clientes*. Tal como te contaba en la anterior ley, estos compradores pueden ser clientes, empleados, proveedores y organismos. Punto. Cuantos más enamorados están de tu proyecto empresarial y de lo que ofreces mejor que mejor.

Tienes que crear fans de tu propuesta para que te recomienden con sus testimonios y comentarios. Recuerda que a la persona más fácil de vender es aquel que ya te ha comprado alguna vez y ha quedado satisfecho, y el segundo aquel que viene referido por el primero. Es así de sencillo. Con esto te ahorrarás mucho dinero en buscar nuevos clientes y crecerá tu negocio como la espuma. ¡Te lo aseguro!

Busca excelentes clientes y que tengan la capacidad de recomendar lo que ofreces. Tendrás una bomba de negocio que te permitirá llevar la vida que deseas. Pero claro, para llegar a ese cliente ideal y que cumpla todos esos requisitos necesitas tener muy claro tres conceptos fundamentales y que para mí se traducen en las 3 M del marketing.

¿Cuáles son las 3 M del marketing que todo dueño de negocio debe tener presente? En primer lugar; *mercado ideal*. El mercado representa a ese cliente ideal con un problema o anhelo concreto que solventar, donde tú tienes la solución con tu producto.

Tu mercado ideal debe ser específico. Láser, diría yo, para poder nadar en océanos azules donde no haya competencia y tu propuesta esté bien diferenciada. Como te decía en las anteriores leyes; es más efectivo ser el primero que el mejor. Para ello tienes que tener claro quién es tu mercado ideal. Sin tenerlo claro, es imposible promocionar de manera adecuada tus productos. Necesitas ponerle cara a ese mercado.

En segundo lugar, el *mensaje ideal*. El mensaje representa esa propuesta única de valor que hará que tu potencial cliente tome acción y piense en ti como su posible solución, quedando la competencia completamente fuera de juego. Un mensaje que llame la atención, genere interés, provoque deseos de saber más y llame a la acción. Normalmente, responde a la siguiente pregunta:

¿Por qué debería hacer negocios contigo en vez de hacerlo con tu competencia, y por qué debería hacerlo ahora y no dejarlo para otro momento?

En esta pregunta encontrarás el factor diferencial. Lo que hace única a tu empresa. Pero no solo eso, también hay un componente de toma de acción, porque de lo contrario las personas no harían nada y lo dejarían para otro momento. Momento que no suele llegar. Para ello debes inyectar urgencia y escasez en tu mensaje. Tu mensaje ideal tiene que ser tan poderoso que destaque entre tantas otras propuestas de empresas como van apareciendo en los mercados, y más ahora con Internet y las redes sociales, donde todos luchamos con todos por la atención de las personas. Debe ser una propuesta en constante evolución.

Y para terminar, el último elemento de mi fórmula de las 3 M es el *medio ideal*. El medio representa el vehículo para hacer llegar ese mensaje ideal o magnético a tu mercado ideal. Digamos que es el canal para llegar a tu cliente ideal.

El canal puede ser desde hacer marketing directo, visitas comerciales, eventos, utilizar anuncios en redes sociales. Dentro de las diferentes fuentes que tu mercado te ofrece para llegar a tu cliente ideal, tendrás que buscar la vía más rentable y efectiva para hacer llegar tu mensaje. No todo vale. Si te gastas 2 euros en conseguir a un cliente que deja 1 euro en tu negocio ya vamos mal.

Debes estar donde está tu cliente ideal. Si tu cliente está en Instagram y sabes cómo llegar a él, ¿qué sentido tiene pasar horas en Facebook cuando deberías estar derivando tráfico desde Instagram? Puede que en Facebook también esté tu cliente, el problema es que si tu tiempo lo compartes en diferentes medios, su efectividad disminuye de manera alarmante. Si tu cliente está en foros especializados y atraerlos es más rentable, ¿por qué no inviertes esas horas en estar ahí transmitiendo tu mensaje y haciendo networking? Analiza la rentabilidad de todos y cada uno de tus medios ideales. Sin análisis, no hay éxito.

En los mercados hay cientos de medios para llegar a las personas. Cada día más. Esto se ha convertido en un problema de foco, por eso es importante que selecciones los medios más efectivos a nivel económico, tiempo y control. Es más, hay medios olvidados que son los más rentables. Por ejemplo, el email marketing, es decir, envíos masivos de correos electrónicos.

Todas las personas no utilizamos Internet de la misma forma. La red se está convirtiendo en una Matrix de dimensiones descomunales. No des palos de ciego y toma papel y lápiz. Apaga el ordenador y crea tu sistema de puño y letra. No descartes estrategias combinadas online/off-line. De hecho, con muchos de mis clientes empleo medios combinados off-line/on-line. Nada es absoluto. Algunos incluso no están muy presentes en Internet, porque no lo necesitan.

No escuches a los gurús que dicen que hay que estar ahí o aquí. Nadie tiene la verdad absoluta. Ni tan siquiera yo. Mucho cuidado.

Plan de acción para definir las 3 M de tu marketing

- *Mercado Ideal. ¿Has definido quién es tu mercado ideal dentro de tu mercado genérico?* Escribe las características más importantes de este mercado ideal a nivel demográfico, geográfico, psicológico, económico.

• *Mensaje Ideal. ¿Tienes definido el mensaje ideal con el que vas a llamar la atención de tu mercado ideal?* Un mensaje que te haga destacar entre tanto ruido y que te posicione por encima de tu competencia. Un mensaje que llame la atención de tu mercado ideal, les genere interés, deseo de saber más y los llame a la acción, apelando a la urgencia y escasez que todo ser humano necesita para ponerse las pilas y accionar.

• *Medio Ideal. ¿Tienes claro cuál es el medio ideal para llegar a tu mercado ideal con el mensaje ideal?* Selecciona uno o dos e intenta poner foco en ellos. Aprende todo lo necesario para crear tu embudo de prospección a través de este medio. Un embudo rentable y con el mínimo de fricción para que al final entre el mayor número de potenciales clientes. Tal como te explicaba en la ley del embudo.

11. Ley del Crecimiento Exponencial

CONQUISTA TU MERCADO

La rentabilidad de la empresa de Fernando era mala, ya que siempre estaba en modo búsqueda de clientes nuevos, perdía mucho dinero en marketing. No aprovechaba a aquellos que compraban, y que no volvían a comprar por su mala gestión posventa. No entendía que el mejor cliente es que el que ya te ha comprado, y que el mejor momento para venderle de nuevo es cuando está a punto de comprar el producto, a través de las ventas cruzadas.

Queriendo solucionar este problema en su empresa, comenzó a desarrollar estrategias de ventas cruzadas a la hora de vender sus productos para aumentar el importe de compra, y no solo eso, sino que también comenzó a hacer seguimiento de esos clientes. Los metió en una base de datos y cada cierto tiempo les enviaba una newsletter con las novedades de su empresa para tenerlos al día. Se dio cuenta de que estos clientes volvían de manera continuada a comprar. Y es que en marketing sabemos que el 60% de los clientes no vuelven a comprarte no porque queden insatisfechos con tu producto o servicio, en absoluto, sino más bien porque no se acordaron de ti en el momento de volver a necesitarte, y apareció otro competidor que sí les recordó que ellos podían solucionarles el problema.

Teniendo en cuenta lo que le pasaba a Fernando, podemos sacar una conclusión muy clara: *un negocio que no crece, decrece*. Tan sencillo como eso. Al final, si este año has vendido lo mismo que el anterior, has perdido dinero debido a la inflación. De ahí que es clave que tengas un plan de crecimiento exponencial para tu negocio. Crecer hay muchas formas de hacerlo. Desde el punto de vista estratégico, aumentando mercados, desde un punto de vista comercial, de marketing. En este caso, haré referencia al marketing y a la ley del crecimiento exponencial.

En marketing existen tres pasos para crecer qué combinados se convierten en exponenciales sin invertir grandes sumas de dinero en nuevas acciones. En primer lugar, es aumentar el número de clientes que compran tus productos. En segundo lugar, aumentar el número de veces que te compran en un mismo ciclo, y por último, aumentar el ticket medio de compra.

Imagina que tienes una tienda online y vendes un producto a 100 euros. En un mes vendes a 1.000 clientes nuevos. Esto equivale a 100.000 euros al mes de venta. Si ahora aplicamos la fórmula del crecimiento exponencial con las estrategias que te he explicado anteriormente, tendríamos lo siguiente:

1.- Aumentamos el número de clientes nuevos en tan solo un 20% por lo que obtenemos 1200 clientes al mes.

¿Cómo puedes lograr aumentar en un 20% tu número de clientes? Por ejemplo, aumentando tu publicidad en Google, en redes sociales, mejorando tus estrategias de visibilidad. No es difícil lograrlo.

2.- Logras que un 10% de clientes antiguos sobre la nueva media mensual vuelvan a comprar en tu tienda durante ese mes. Esto nos dan 120 clientes más.

¿Cómo puedes lograr que tus clientes vuelvan a comprar en tu tienda online? Puedes utilizar estrategias de email marketing para ello. Cuando te compraron, tendrías su email. Este email lo incluyes a una base de potenciales clientes y les enviarías boletines electrónicos con descuentos, por ejemplo, para su próxima compra.

3.- Aumentas el ticket de compra un 20% ofreciéndoles un producto cruzado en el carrito relacionado con el producto que quería comprar. Eso equivale a 120 euros de venta.

Si hacemos las cuentas tenemos que, aumentando el tráfico, nos compran 1.200 clientes nuevos con una tasa de repetición del 10% cada mes y con un aumento del 20% en la compra. Eso equivaldría a 158.400 euros. Lo que suponen 58.400 euros más en comparación con los 100.000 euros sin hacer estas estrategias de crecimiento exponencial.

Como has podido ver, has logrado crecer muchísimo sin necesidad de cambiar apenas nada de tu negocio. Sin invertir en grandes acciones de marketing que pueden ser incluso perjudiciales para tu marca y posicionamiento. Aquí la clave está en tres palabras: *captación*, *retención* y *valor de venta*.

Captación revela tu capacidad para obtener nuevos clientes a través de pequeñas acciones con alto impacto, pero que has pasado de largo y no te has dado cuenta, dejando muchos clientes en la mesa.

Retención es tu capacidad para hacer que vuelvan a ti una y otra vez a través de la recordación y de la buena atención. Como te decía anteriormente, la mayoría de los clientes se pierden no porque hayan quedado insatisfechos, sino porque no ha habido un sistema de recordación de que tenías la solución para ellos.

Y por último, *valor de venta*, ofreciendo productos cruzados en cada una de sus compras, aumentando así el ticket de adquisición. Ten en cuenta que el mejor momento para venderle más productos a un cliente es el momento en que te está comprando.

Tu marketing tiene que tener capacidad no solo para atraer nuevos clientes, sino para mejorar tu sistema actual con pequeños cambios que pueden hacer que crezca de manera exponencial. Sin apenas inversión. Solo utilizando nuestro cerebro y algún otro ajuste. Nada más. Crecer y mejorar los sistemas es fundamental. El crecimiento exponencial es una maravilla de las matemáticas que tu negocio puede aprovechar y que se da en todos los aspectos de la vida, porque es la multiplicación de pequeñas acciones que de manera aislada no representan mucho, pero que juntas se vuelven muy poderosas; exponenciales. No es cuestión de hacer muchas cosas, sino de hacer pocas de manera inteligente y estratégica.

Plan de acción para llevar a cabo tu crecimiento exponencial

- *¿Puedes mejorar en un pequeño porcentaje tu capacidad de atraer nuevos clientes?* No necesitas grandes inversiones ni cambios. Analiza si puedes mejorar alguna acción aunque sea mínima y que pueda representar un gran impacto en tu capacidad para atraer nuevos clientes.

- *¿Puedes mejorar tu capacidad para que tus clientes vuelvan una y otra vez a ti?* Puedes implementar pequeñas estrategias de recordación para mantener tu empresa en sus mentes y que cuando te necesiten sea tu empresa la que se les venga a la mente y no tu competidor. Para ello crear tu base de datos donde enviarles emails de manera voluntaria es una excelente opción.

• *¿Puedes mejorar el cierre de ventas y ofrecerles productos relacionados para aumentar el ticket de compra?* Un cliente normalmente necesita otros productos que están relacionados con un producto principal, tal como hacen los concesionarios cuando después de haber obtenido tu compromiso de compra, te ofrecen miles de complementos para mejorar tu vehículo. Es lo que yo llamo el efecto *"ya que estamos"*. Donde después de una gran compra, todo lo que venga después se percibirá de mucho menos importe puesto que la compra cara ya se ha realizado. - *Ya que estamos, le añado la tapicería de cuero. Total, son solo 1.000 euros más.* - Se dirá a sí mismo. Aprovecha ese momento de compromiso para ofrecerle otro producto de su interés y que aumente el ticket de adquisición y el valor de la venta.

12. Ley de la Propuesta de Valor

CONQUISTA TU MERCADO

Todo cambió para las ventas del despacho de Carlos. El momento de inflexión fue cuando mostraron una característica que ningún competidor tenía y que su mercado apreciaba. Sus más de 50 años en un mercado donde la experiencia es un grado. Llevar 50 años de vida ofreciendo servicios legales no era nada sencillo. Había sido fruto de mucho esfuerzo y del todo sacrificio de su abuelo y de su padre. Ahora era su turno para sacar pecho y sentirse orgulloso de ello. Sus competidores eran empresas mucho más jóvenes y con menos experiencia en el campo del asesoramiento legal, por lo que al final los clientes preferían abogados más experimentados.

Ese pequeño detalle que se les había pasado por alto, ahora les hacía destacar en todos sus anuncios y material de marketing. En todo un mercado plagado de competidores y donde cada día era más difícil destacar. Tenían algo que nadie podía quitarles y que todo cliente que necesitara asesoramiento apreciaría, sin lugar a dudas. Era su elemento diferencial.

Tal como te decía en la ley de la atracción, es clave conocer aquello que te hace único y diferente en el mercado. Eso sí, deben ser aspectos que tu cliente ideal valore como determinantes para elegir tu producto y no el de tu competencia, como pasaba en el caso del despacho de abogados de Carlos. Pueden ser varios, pero siempre habrá alguno que destaque sobre el resto. Es ahí cuando aparece el término de propuesta única de valor o valor diferencial.

Una propuesta que haga que los clientes y las empresas que te interesan atraer se paren y quieran saber más de ti. Una propuesta que te traiga clientes en piloto automático, sin depender de referidos, sin hacer puerta fría ni llamadas incómodas. Una propuesta que destaque entre tanta competencia como tienes, y subiendo.

¿Qué es una propuesta única de valor? La propuesta única de valor o valor diferencial fue desarrollada por *Rosser Reeves* y la nombró por primera vez en su libro *Reality in Advertising (Realidad en Publicidad)* allá por el 1960. Básicamente, podemos definir la propuesta única de valor como aquello que te posiciona en tu mercado y te diferencia de tu competencia, lógicamente de manera positiva y beneficiosa, fácilmente percibida por tu cliente ideal. Si para tu cliente no es interesante, da igual lo que digas, ya que no le llamarás la atención, no le generarás interés ni deseo de saber más, por lo que no pasará a la acción.

Imagina que eres fabricante de mobiliario para el jardín, estás en una feria de tu sector y tienes a tu potencial cliente delante escuchando tus argumentos de ventas. Por un instante este te frena y te hace la siguiente pregunta: *hay otras 20 empresas en esta feria que fabrican mobiliario para el jardín. ¿Por qué debería hacer negocios con usted y no con el resto de competidores?* ¿Qué podrías responder? Ese es el motivo de crear una propuesta única de valor; contestar a esa pregunta de la manera más efectiva posible y siempre destacando sobre la competencia, con argumentos claves para tus potenciales clientes. Que den en sus problemas y objeciones a la compra de tus productos.

Toda empresa, producto o servicio tiene una personalidad propia y requiere una declaración pública de posicionamiento que lo destaque de la competencia. Si sabes sacar a la luz ese elemento diferenciador que haga que tus potenciales clientes se inclinen hacia tu propuesta y no hacia tus competidores, conseguirás ese flujo constante y predecible de empresas interesadas en tu negocio. Y lo mejor de todo, es que no tendrás que hacer puerta fría ni llamadas incómodas. Vendrán a ti de manera natural. Como las moscas a la miel.

Cómo desarrollar una propuesta única de valor que te ayude a conquistar tu mercado

Aunque la mayoría de las empresas cuando les explico la importancia de una excelente propuesta única de valor lo entienden a la primera, son pocos los que saben desarrollarla de manera adecuada. Es fundamental que sepas cómo crear ese elemento que incline la balanza hacia tu negocio. Para ello te voy a nombrar una serie de pasos que deberás llevar a cabo para definir la propuesta única de valor de tu empresa, producto o servicio.

Primer Paso. Analiza el beneficio principal de tu empresa, producto o servicio.

Una propuesta única de valor lleva implícito el beneficio principal de tu empresa, producto o servicio. Lo que ganan tus clientes al contratarte como proveedor.

Imagina que ofreces servicios de posicionamiento ayudando a las tiendas online a aparecer número uno en Google de manera orgánica. ¿Cuál es el beneficio principal que ofreces con tus servicios? En este caso, lograr que tus clientes reciban más tráfico orgánico a sus tiendas online desde Google sin pagar dinero en anuncio. ¿Para qué? Para vender más y robarles clientes a la competencia.

Segundo paso. Estudia a tu competencia y sus propuestas.

Busca tus competidores potenciales que estén alineados con tus productos y servicios, y selecciona un par de ellos, a los líderes. Una vez que tengas seleccionadas esas empresas busca cuáles son las características o servicios que destacan en sus mensajes. Una vez tengas desglosado todo esto, limítate a analizar y a preguntarte lo siguiente: *¿qué etiqueta de tu mercado no está representada en esas propuestas y que tú puedes utilizar?*

En este caso lo que buscamos es el elemento diferenciador. Imagina que tienes a dos gemelos delante, casi idénticos. Pero hay algo que los diferencia, y es el corte de pelo. Esa es la etiqueta que los diferencia. Juan es diferente a Pedro porque tiene el pelo más largo. Eso mismo tienes que buscar con tu empresa, producto o servicio.

¿Cómo puedes conseguir información de tu competencia? Intenta entrevistar a clientes actuales de tu competencia para lograr saber que están haciendo mal y bien. ¿Cuál es la queja más habitual de los clientes sobre los competidores que han encontrado en el mercado? Compra productos o servicios de tus competidores y descubre cómo es la experiencia preventa, venta y posventa. Recopila información sobre la competencia en sus sitios webs, redes sociales, contenido online.

Mantén los ojos abiertos con todo lo relacionado con la competencia. Te recomiendo que te inscribas a sus newsletters si las tienen. Usa las alertas de Google para estar al tanto de todo lo que se indexa en Internet sobre ellos, boletines de prensa. Recuerda que la gran parte de la información que lanzamos acaba en Google. El objetivo con estas acciones es descubrir qué los destacan en el mercado y lograr encontrar una falla que te permita eclipsarlos. Una vez tengas esos datos podrás posicionarte destacando aquello que te diferenciaría en comparación con ellos.

Si seguimos con el ejemplo de la empresa SEO, quizás podemos observar que nadie está especializado en un tipo de tienda online como puede ser el mercado de la moda, por ejemplo.

Tercer paso. Conoce al detalle tu empresa, producto o servicio.

Para comenzar a mostrar al mundo empresarial tus bondades como empresa necesitas conocerte primero y tener muy claras cuáles son. Todas las empresas, productos y servicios tienen una personalidad que los hace únicos. Hazte esta serie de preguntas: *¿Qué es lo que hago mejor como empresa que mi competencia? ¿Qué característica de mi producto suelen destacar mis clientes? ¿Qué es diferente en el modelo de negocio de mi competencia y el mío?*

Una vez tengas todos esos datos, céntrate en aquellos aspectos que tienen un beneficio claro en tu cliente y que pueda percibir como tal. Con esos beneficios intenta quedarte con no más de cinco, aquellos que sean los más poderosos. Estos mismos beneficios transmítelos a tu equipo para que te ayuden a elegir uno solo. Cuando hayas obtenido el concepto más diferenciador de tu propuesta, intenta desarrollar una pequeña frase donde expliques los motivos por los cuales tu potencial cliente debería comprarte a ti y no a tu competencia.

Si volvemos al ejemplo de la empresa de posicionamiento SEO, hemos detectado que son los únicos que están especializados en tiendas online de moda y que hasta el día de hoy han ayudado a más de 300 tiendas a atraer clientes, además de haber generado más de cien millones de visitas de manera orgánica con todas ellas. Pueden desarrollar una propuesta única de valor con una frase tal como:

"Somos una agencia SEO especializada en tiendas online de moda, con más de 300 clientes a los que hemos ayudado a posicionarse en Google, generando más de 100 millones de visitas a sus tiendas online sin pagar un solo euro en publicidad".

Aquí tendrían una excelente propuesta única de valor para mostrar a su mercado. Una propuesta basada en características y beneficios que su cliente ideal valorará para trabajar con ellos y no con sus competidores.

Cuarto paso y último. Integra tu propuesta única de valor en tu comunicación.

Después de haber construido una poderosa declaración de posicionamiento, es fundamental que la comuniques a los cuatro vientos. ¿Dónde la puedes comunicar? Puedes incluirla en tu sitio web, en redes sociales, en tus emails, en tu tarjeta de visita. Lo más importante es que sea tu elemento diferenciador y la comuniques constantemente. Debe quedar grabada en la mente de tu mercado. En el caso de la empresa SEO, el hecho de ser especialistas, haber atendido a más de 300 tiendas de moda y haber generado millones de visitas orgánicas sin pagar un euro en publicidad, deberían mencionarlo en toda su comunicación ya que les dará mucho poder para destacarse en su mercado cuando el resto de sus competidores no lo hacen por ninguna característica en particular.

Ejemplos de propuestas únicas de valor de referentes del mercado

A continuación te muestro algunos ejemplos de propuestas únicas de valor de grandes empresas. También las grandes empresas se tienen que diferenciar de sus competencias con propuestas únicas de valor que las posicione por delante. Estas están basadas en diferentes categorías según aquello que las diferencian en sus respectivos mercados:

- *Diferenciación por precio: MediaMarkt – Yo no soy Tonto*
- *Diferenciación por calidad y facilidad de pago: Lo Mónaco – Máxima Calidad a su Alcance.*

- *Diferenciación por experiencia de producto: BMW – ¿Te gusta conducir?*

- *Diferenciación por innovación y exclusividad: Apple – Think Different.*

- *Diferenciación por garantía: Toyota – Una Vida de Confianza.*

- *Diferenciación por beneficio: Danacol – Reduce el Colesterol. ¡Funciona!*

- *Diferenciación por antigüedad: Coca Cola – Desde siempre, mucho más que un refresco.*

Debes entender que una propuesta única de valor no es un eslogan ni una simple frase bonita, sino aquel elemento que te hace único en tu mercado. Lo que hará que tu potencial cliente se incline, de manera inconsciente, hacia tu propuesta. En este caso son propuestas únicas de valor bastante cortas. Ten en cuenta que son empresas muy consolidadas, con competencia muy poco atomizada y altamente conocidas, por lo que solo deben destacar un elemento diferenciador. En empresas pequeñas, es más probable que tu propuesta única de valor incluya más características y beneficios por haber más competencia y tener que dar más razones para elegirte a ti en vez de a tu competencia.

Ejemplos de propuestas de valor para pymes

- Por especificidad. *Consultora de gestión empresarial para empresas de restauración.*

- Por resultados. *Nuestro fondo de inversión tiene una rentabilidad anual del 25% en los últimos 10 años.*

- Por antigüedad. *Somos expertos en maquinaria agrícola con más de 40 años en el mercado.*

- Por calidad en la gestión del cliente. *Un 98% de satisfacción de clientes según Tripadvisor.*

Plan de acción para desarrollar tu propia propuesta ÚNICA de valor

Siéntate tranquilamente y ponte manos a la obra para desarrollar lo más importante de tu marketing: *tu propuesta única de valor*. Piensa y analiza en qué eres diferente a tu competencia. Todos somos diferentes y tenemos ese algo que nos destaca entre la multitud. Busca el tuyo y muéstralo al mundo. No hay nada peor para garantizar el fracaso de una empresa que caer en la mediocridad, en el "otro más", y acabar compitiendo en precio. Algo que nunca te recomiendo porque siempre puede llegar alguien que cobre menos que tú y al final acabéis tirando el mercado y cerrando los dos. Sé diferente, no es cuestión de originalidad, sino de estrategia. Es necesario que te diferencies en algo que sea de alto valor percibido por tu cliente, y sepas cómo transmitir tu propuesta única de valor de forma clara y precisa.

13. Ley de la Prueba Social

CONQUISTA TU MERCADO

Los diseños de joyas de Ana gustaban a la gran mayoría de su mercado. Su tienda online no paraba de recibir visitas provenientes de las redes sociales. Aun así, veía que tenía un alto porcentaje de salida de visitas sin comprar. Se quedaban en el carrito de compra, pero no pasaban de ahí. Eso la preocupaba. Analizando, se detectó que faltaba un elemento fundamental en toda su comunicación y era mostrar la experiencia de otros clientes que habían comprado sus joyas. Joyas de muy alta calidad y que tenían un precio considerable para no pensarse dos veces la compra.

La estrategia fue bien fácil; tomar los testimonios de los clientes que habían comprado e ir colocándolos de manera estratégica en su tienda online desde que llegaban a un producto hasta que hacían la compra. Incluso, en los mensajes de agradecimiento, porque sabemos que también en ese momento puede haber un alto porcentaje de devolución.

Los resultados fueron exponenciales, disminuyendo de manera considerable los carritos vacíos, aumentando las ventas de las joyas y disminuyendo las devoluciones. Simplemente añadiendo algo tan sencillo, pero tan importante, como es la prueba social.

¿Sabes qué es lo que más ha ayudado a que el ser humano domine el planeta Tierra? El hecho de ser seres sociales. De ser capaces de transmitir conocimiento entre nosotros y colaborar. Pero para ello debe haber confianza social. Debemos confiar en otras personas para poder entablar vínculos que nos permitan colaborar entre nosotros a través de la prueba social. Es por eso que una de las leyes más relevantes en marketing es la prueba social. Es decir, aquello que dicen otros de nosotros y que será la puerta para la colaboración.

No existe nada más efectivo para atraer clientes y dominar el mercado que una recomendación de otro cliente. De hecho, sabemos que el cliente más sencillo de vender es aquel que ya te ha comprado y que ha tenido una buena experiencia contigo. El segundo, aquel que viene referido por este. La prueba social genera muchísima confianza, y no olvides que si tu cliente confía en ti ya tendrás la mitad de la venta hecha. La confianza lo es todo en los negocios. Tener la seguridad de que lo que compras no será un engaño te genera la tranquilidad necesaria para tomar acción y comprar.

Cómo puedes implementar tácticas de prueba social en tu empresa

Para ello existen los *casos de éxito* y los *testimonios*. Los casos de éxito son declaraciones de tu empresa mostrando el proceso transformacional de un cliente concreto, mientras que los testimonios son declaraciones hechas por tu propio cliente de ese mismo proceso transformacional. A continuación, te explico en detalle cada uno de ellos para que puedas implementarlo en tus estrategias de marketing. Verás como se disparan tus ventas.

Casos de éxito de clientes

Los casos de éxito los crea tu empresa bajo el permiso de tu cliente, donde explicas de manera detallada y con argumentos, el proceso de transformación que sufrió tu cliente desde su estadio de dolor al estadio de solución tras comprar tu producto o servicio. Un buen caso de éxito explica todo ese proceso de manera sencilla. El objetivo de un caso de éxito es que tu potencial cliente se sienta reflejado en él y quiera solucionar el problema tal como hiciste con el otro cliente. Este tipo de declaración es excelente cuando tu mercado no es muy dado a ofrecer testimonios de tus productos o servicios, por ejemplo en temas de salud, finanzas, legal.

Qué elementos son claves en un caso de éxito

En primer lugar, la situación en la que se encontraba tu cliente. Es decir, el estadio de dolor o anhelo previo a comprar tu producto o servicio. Imagina que ofreces servicios de seguridad para empresas. La situación de dolor sería aquella donde describes qué le ocurría a esa empresa para querer contratar un servicio de vigilancia: *miedo a que entraran y robaran, miedo a que sus trabajadores sufrieran algún daño, miedo a los accidentes.*

En segundo lugar, el proceso de compra y uso de tu producto o servicio. Volviendo al ejemplo, cómo fue el estudio previo de la situación de vigilancia de la empresa: *análisis de vulnerabilidades, puntos de peligro, ejecución en tiempo, detección de problemas ocultos.*

En tercer lugar, y último, los resultados de ese proceso transformacional. Cómo fueron los resultados. Volviendo al ejemplo: *número de intentos de robo fallidos, nivel de tranquilidad de sus empleados, reducción de accidentes.*

En definitiva, la idea con los casos de éxito es mostrar de manera clara y detallada como ha sido la experiencia de un cliente con tu negocio, producto o servicio. Los casos de éxito son muy efectivos para vender un producto o servicio complejo o novedoso donde no haya una experiencia previa y no se tengan muy claros sus resultados.

Testimonios que atraen clientes

Por otra parte, el testimonio es una declaración propia del cliente donde explica su experiencia con tu empresa, producto o servicio. Eso sí, no todos los testimonios son efectivos. No todos los testimonios venden. Un testimonio que venda, al igual que los casos de éxito, debe incluir tres elementos temporales relacionados con la experiencia con tu empresa: *ANTES, DURANTE, DESPUÉS*. Por supuesto, deben ser específicos, claros y con el lenguaje de tu mercado.

Imagina por un momento que tienes una empresa de consultoría empresarial. Tu labor es ayudar a otros negocios que se encuentran en una situación delicada económicamente, tienen pérdidas y no logran levantar cabeza. El dinero al igual que les entra, se les va.

Un testimonio que venda debe reflejar claramente en qué estadio de dolor o deseo estaba esa empresa *(ANTES)* de comprar tu producto o servicio. Posteriormente, cómo fue la experiencia con tu empresa *(DURANTE)*. Y tercero, los resultados obtenidos tras la compra y su uso, *(DESPUÉS)*. Estos resultados tienen que ser específicos y concretos. Nada de generalidades. Que no suenen a afirmaciones inventadas. Por supuesto que sean reales, claro está.

Por ejemplo, esto sería el texto de un testimonio que venda:

"Antes de contratar los servicios de Juan, nuestra empresa se encontraba en una situación delicada. Íbamos muy bien en ventas, pero cuando llegábamos a fin de mes los resultados no eran lo que esperá-

bamos y al final no teníamos liquidez. Algo estábamos haciendo mal". (ANTES)

"Durante más de 1 año hemos trabajado con Juan. En ese tiempo se metió de lleno en nuestra empresa, investigó cuáles eran los departamentos que se salían de gastos y creó un sistema más eficaz, una contabilidad que realmente reflejara lo que entraba y salía de la empresa. En todo momento estuvo ahí para ayudarnos". (DURANTE)

"Los resultados han sido sorprendentes. En menos de 3 meses ya comenzamos a tener liquidez sin necesidad de vender más, y encima aumentamos el precio de nuestros productos. Pasamos de números rojos, con un negocio que no funcionaba a números excelentes y en aumento". (DESPUÉS)

No siempre es fácil obtener testimonios de tus clientes, y que sean buenos. Estos son muy reacios a darlos y, encima, no venden. Es por eso que una forma excelente para pedir testimonios a tus clientes y que estos te los den es tener en cuenta los siguientes aspectos:

¿Cuándo vas a pedir ese testimonio? Es importante que lo hagas cuando esté eufórico de los resultados obtenidos con tu producto o servicio. Inmediatamente al uso. Será más propenso a dártelo.

Otro factor a tener en cuenta es la *facilidad para dártelos*. Los clientes no dan testimonios no porque no les apetezca, sino porque no saben qué poner, y quien sí lo hace te escribe un testimonio que no vende. Para ello te recomiendo que seas tú el que los dirija a escribir lo correcto, con ciertas preguntas ya establecidas para facilitarles el trabajo.

Por ejemplo, imagina que eres una agencia de marketing especializada en posicionamiento en redes sociales. Podrías enviarle un cuestionario con las siguientes preguntas:

¿En qué situación se encontraba con su estrategia en Instagram antes de contratar nuestro asesoramiento?

¿Cómo ha sido la experiencia trabajando con nuestra agencia?

¿Cuáles han sido los resultados que ha obtenido en su empresa gracias a nuestro servicio de asesoramiento en Instagram?

Una vez que tengas estas respuestas, es tan fácil como unirlas y enviárselas a tu cliente para que te dé el visto bueno y poder publicarlas como testimonio. Siguiendo las preguntas tendrías un testimonio que sí vende. Es importante que estos testimonios reflejen a tu mercado y cliente ideal. No olvides poner como mínimo junto al testimonio el nombre de la persona y cargo, por ejemplo si es una empresa. Incluye si quieres la ciudad, actividad. Aquello que refuerce el testimonio. Tenemos que empatizar con nuestros potenciales clientes a través de los testimonios. Ahí está la clave. Recuerda esta ley de la prueba social; *más importante que lo que dices de ti mismo es lo que otros dicen de ti.* De ahí que sea clave tener una estrategia de casos de éxito y testimonios en tu marketing para conquistar tu mercado.

Plan de acción para conquistar tu mercado con la prueba social

• *¿Incluyes testimonios y casos de éxito en tu comunicación?* Si no los incluyes, *¿qué te frena a no incluirlos?* Ponte manos a la obra y desde ahora pide testimonios a todos los clientes con los que trabajes.

• Recopila los mejores clientes con los que has trabajado y crea tus propios casos de éxito. Una vez los tengas inclúyelos en tu comunicación: sitio web, propuestas comerciales, redes sociales. Cualquier medio que utilices para comunicarte con tu mercado y promocionar tu empresa y lo que ofreces. La prueba social es quizás la mejor estrategia para atraer clientes ideales porque verán reflejados sus problemas en las declaraciones de tus clientes. Todos querrán verse en el estadio de solución que alcanzaron los clientes con los que ya has trabajado.

14. Ley de la Mera Exposición

CONQUISTA TU MERCADO

En psicología hay un efecto muy curioso que seguro que te es familiar, *el efecto de mera exposición*. Dicho efecto consiste en que cuanto más nos expongamos a algo, más nos gustará. ¿No has notado que hay canciones que cuanto más las escuchas más te gustan? Esto es precisamente el efecto de mera exposición. Es un fenómeno psicológico que consiste en que, nuestro agrado por un determinado estímulo o persona, aumenta a medida que nos exponemos más a él.

Este efecto es propio de la psicología social, la cual a veces también lo denomina *principio de familiaridad*. A mayor número de exposiciones, mayor es el efecto. Sin embargo, no es un efecto lineal, sino que forma una U invertida. Después de 10 o 20 exposiciones, los cambios que se producen son menores e incluso contraproducentes, como puede ocurrir con canciones que se hacen repetitivas y muy pesadas. Es por eso que siempre debe haber un equilibrio.

Este efecto es el que da nombre a esta ley y lo puedes aplicar al marketing de tu empresa para conquistar tu mercado. Elegir las estrategias de exposición ante tu mercado es de vital importancia. Tu objetivo es seleccionar medios que te permitan exponerte de manera constante y previsible ante tu cliente ideal, generando atención, interés, deseo y acción de querer saber más sobre lo que ofreces. Elegir el medio es fundamental, ya que no todos serán rentables y tampoco tendrás el control absoluto de ellos.

¿Qué medios puedes utilizar para tener exposición constante ante tu mercado? Los mejores son aquellos que tú puedes controlar y que sean rentables. Básicamente, cualquier medio puede ser bueno. Tenemos el email marketing, llamadas comerciales telefónicas, redes sociales, medios sectoriales. Teniendo en cuenta que un buen medio de exposición debe ser rentable, eficaz, masivo y directo, sin intermediarios que puedan limitar el alcance, el único que cumple todos estos requisitos son las bases de datos, es decir, el listado con los nombres y formas de contacto de tus potenciales clientes. Eso sí, según la normativa legal, deben ser datos de personas que hayan dado su consentimiento para recibir información comercial. Es por eso que llamamos bases de datos voluntarias.

Dentro de esas bases de datos voluntarias tenemos datos de contactos como pueden ser el email, teléfono, dirección, red social. Cualquier dato que te permita contactar con esa persona. Si pensamos en una forma masiva de hacerlo, la más rentable es el email, porque por teléfono tendrías que tener a personas llamando una a una. Si optas por las redes sociales, a menos que hagas anuncios, no te aseguras que tu mensaje llegue a todos tus seguidores y por SMS puede parecer muy intrusivo. Lo que nos queda es el email. Es por eso que se utiliza tanto para enviar comunicaciones comerciales.

Independientemente de que emplees un medio u otro, la creación de tu base de datos es fundamental para poder hacer seguimiento más cercano, aportar valor y crear el momento justo para que esa persona tome acción y quiera saber de ti y de tu producto o servicio.

El email es quizás el dato más valioso y que reúne todos los requisitos de un marketing rentable, instantáneo, masivo, directo y eficaz. Un marketing que te permita atraer clientes ideales interesados en tus productos y servicios. Un medio que te permita enviar ese mensaje magnético que hará que tu prospecto se interese por ti. Para ello emplearemos estrategias de email marketing de alto impacto.

¿Por qué hacer email marketing es rentable? Simplemente, porque se ha calculado en numerosas ocasiones que un euro que inviertes en email marketing puede llegar a reportarte más de 40 euros en beneficios, lógicamente dependiendo de tu industria.

¿Por qué el email marketing es masivo? Porque necesitamos un medio donde impactar y crear un efecto de mera exposición con nuestros prospectos de forma masiva y no uno a uno, como podría ser una llamada de teléfono, algo que no sería rentable, a priori, aunque habría que analizar cada industria en detalle.

¿Por qué el email marketing es directo? Porque no pasamos por intermediarios como son las redes sociales que pueden limitar tu alcance y que te obligan a pagar perdiendo rentabilidad. El email es un protocolo, no una aplicación ni un programa informático. El email no es de nadie, las redes sociales pertenecen a una empresa. Si esta desaparece, también lo hace tu capacidad para comunicarte con tus contactos a través de ella. Con el email nunca pasaría.

¿Por qué el email marketing es instantáneo? Porque puedes hacer llegar el mensaje cuando tú lo desees o programes. No dependes de plataformas que determinan el momento en que lo enviarán, como puede ocurrir con las redes sociales.

¿Por qué el email marketing es eficaz? Porque te permite enviar un mensaje y crear un proceso persuasivo adecuado para hacer que esa persona tome una acción determinada, ya sea que vaya a tu página de

ventas de tu producto o servicio, leer un artículo, acceder a tu formación, que te responda a ese email para pedir una cotización. Lo que sea que te hayas propuesto de acción.

Podemos considerar el email marketing como el eslabón fundamental para crear una primera interacción con tus potenciales clientes. El email marketing te permitirá aportar valor a tus potenciales clientes mientras te estás posicionando como empresa, de lo contrario no se produciría esa magia que necesitas para que esa persona pida más información sobre tus servicios, por ejemplo. No ocasionaríamos el efecto de mera exposición que buscamos.

El email marketing no es hacer spam

Una de las creencias más comunes a la hora de sugerir hacer email marketing a las empresas es que piensan que el email marketing es sinónimo de SPAM. Nada más lejos de la realidad. El email marketing es un medio como otro cualquiera para hacer llegar un mensaje. Ahora bien, la clave para tachar algo de SPAM o no es tener permiso para hacer llegar ese mensaje y dar la oportunidad de dejar de recibirlo cuando la otra persona lo estime oportuno. Es por eso que el email marketing que defiendo es cien por cien voluntario, donde esa persona debe haberse dado de alta en tu lista de manera voluntaria y tener la posibilidad de salir de ella cuando lo estime oportuno de manera sencilla y rápida.

El email marketing es un medio fantástico para que puedas llegar a clientes nuevos y hacer que te compren por primera vez, lograr que clientes antiguos vuelvan a comprarte y que clientes fieles promocionen ellos mismos tus productos como evangelizadores de marca. La ley de la mera exposición es clave en marketing para conquistar tu mercado. Necesitas posicionarte en la mente de tu potencial cliente y solo lo lograrás si impactas de manera constante con tu marketing. Es por eso que siempre debes estar buscando formas de llegar a ellos una y otra vez, hasta que tu mensaje haya dejado una impronta mental y que en caso de encontrarse con la necesidad de tu producto, sea tu solución la que se les venga a la cabeza primero, antes que la de tu competencia. Ahí está la magia de esta ley.

Plan de acción para implementar la mera exposición en tu marketing

• *¿Cómo vas a impactar con tu comunicación en tu mercado de manera repetida, constante y rentable?* Explica brevemente qué medios vas a utilizar en tu negocio para hacer llegar tu mensaje. No olvides que tienes que impactar para llamar la atención, generar interés y deseo de pasar a la acción. De lo contrario no tendrá el efecto esperado.

• *¿Te has planteado implementar estrategias de email marketing en tu negocio?* Como te decía, el email marketing es el medio más rentable para llegar a tus potenciales clientes. Mi recomendación es que lo estudies y veas las formas de implementarlo para poder impactar de manera repetida, rentable y controlada en tu cliente ideal, con una comunicación no intrusiva y que le aporte valor. Sin hacer SPAM.

15. Ley de la Categoría Líder

CONQUISTA TU MERCADO

Alejandro Magno (356-323 a. C.) fue un rey macedonio que conquistó el mundo griego, el imperio persa, Egipto e India, conformando el imperio más grande de la antigüedad. Este rey sabía muchísimo de marketing. Entendió perfectamente que para llegar y conquistar los territorios debes hacerlo poco a poco. De manera sigilosa y posicionándote en la mente de tus conquistados mediante las etiquetas correctas para evitar revueltas y que el pueblo no se te eche encima. Un marketing de conquista, tal como quiero que aprendas con este libro.

¿Cuál fue el secreto de su éxito? En primer lugar, tenía muy claro lo que deseaba conseguir y cómo hacerlo, era un líder nato. Aunque llegaba a través de las batallas, siempre se presentaba ante los pueblos que conquistaba como un conquistador que no pretendía modificar la cultura del país o la zona conquistada, sino más bien mejorar su calidad de vida con nuevas ideas provenientes del mundo griego y macedonio, los más evolucionados de su época. Esto le permitía que fueran los habitantes de las zonas conquistadas los que aceptaran de buen grado la conquista, facilitando enormemente su permanencia como conquistador. Evitando revueltas por parte de los conquistados.

Además, su forma de conquista era poco a poco. Tenía claro que quería conquistar el mundo, pero sabía muy bien que un elefante no se come de un bocado, sino poco a poco, a pequeños bocados hasta que al final te lo comes todo. Alejandro Magno se posicionó como un buen conquistador en la mente de los pueblos conquistados, y que incluso pensaban que era mejor que los reyes a los que destronaba.

Es ahí cuando toma fuerza una de las leyes más importantes a la hora de posicionar tu empresa en tu mercado, y es entender que el marketing es una batalla de percepción y de etiquetas mentales. Si te pregunto el nombre de una marca de coche de alta gama posiblemente dirías BMW o Mercedes, ¿verdad? Estas marcas se han hecho dueñas de etiquetas en sus mercados. Ahora bien, no es fácil posicionarse como líderes de un mercado si no se ha llegado el primero. Es por eso que si no puedes ser el primero en una categoría, debes elegir otra donde sí puedas serlo.

Esta ley está directamente relacionada con la ley del liderazgo. Si no se puede llegar el primero, siempre se puede crear una nueva categoría en la que serlo sin necesidad de ser el líder de todo el mercado. Es ahí cuando aparece la frase *"más vale ser cabeza de ratón que cola de león"*. Es un refrán que a mí me gusta mucho aplicar al marketing y a los mercados, cuando les explico a mis clientes que un mercado es muy grande y que la única forma de poder destacar y hacernos fuertes es empezar a conquistar pequeños terrenos, tal como hacía Alejandro Magno.

¿Piensas que Alejandro Magno se hizo grande en toda Europa y parte de Asia tras una única batalla? No, tuvo que ir conquistando pequeñas zonas, poco a poco. Se hizo cabeza de ratón de pequeñas comunidades hasta que logró ser cabeza de león de todo el mundo occidental.

Vayamos a un ejemplo, imagina por un momento que eres empresa de marketing digital, si comienzas a promocionar tus servicios como tal, y dada la gran competencia que existe en este mercado y grandes referentes posicionados, al final las posibilidades de acabar como cola de león serían muy altas. Ahora bien, si analizas en profundidad el mercado y ves que pocas personas están atendiendo a empresas fabricantes y vendedores de mobiliario que quieren promocionar y vender sus productos en la red, en este caso y dada la poca oferta de empresas expertas en ello, te convertirías en cabeza de ratón de ese mercado. Esto es un simple ejemplo, no lo tomes como una gran idea, ya que no está testada. Simplemente es aclaratorio. En inglés, este refrán tan poderoso es algo así como: *"it's better to be a big fish in a small pond than a small fish in a big pond"*, que traducido literalmente *"es mejor ser un pez grande en un estanque pequeño, que un pez pequeño en un estanque grande"*. Una frase que bien me gustaría que te grabaras a fuego en tu cabeza.

El origen de refrán *"más vale ser cabeza de ratón que cola de león"* es dudoso. Se le atribuye a Julio César donde, antes de ser emperador, atravesó los Alpes con sus tropas rumbo a España. Se encontró con unos montañeses que discutían sobre quién ejercía autoridad sobre la aldea. Los ayudantes del general se rieron, ya que consideraban a la aldea insignificante, a lo que el futuro monarca de Roma contestó: *"no os burléis; también yo preferiría ser antes cabeza en esta aldea que brazo en Roma."*

Plan de acción para conquistar tu mercado en una categoría líder

- *¿Consideras a tu empresa líder en una categoría de tu mercado? Si no es así, ¿qué puedes hacer para lograrlo? ¿Necesitas reposicionarte en un mercado más pequeño para serlo?* No tengas miedo a enfocarte en un nicho de mercado. Olvídate de ser líder en un mercado donde sabes que los que ya lideran son muy fuertes y será muy difícil lograrlo. Es mucho mejor y más rentable enfocarse en un mercado más pequeño donde sí puedas ser el líder indiscutible y dominarlo. Tal como hacía Alejandro Magno y que le ayudó a conquistar la civilización occidental al completo.

16. Ley de la Arrogancia

CONQUISTA TU MERCADO

Antonio era dueño de un restaurante en Madrid. Tenía trabajando para él a más de 20 personas. El éxito se veía en su emprendimiento. Los clientes no dejaban de llegar, todos los días tenía todo cubierto hasta tal punto que había que reservar con antelación. Las comandas salían a su ritmo, los clientes no se quejaban, pero algo en él iba cambiando poco a poco. Algo estaba cambiando su esencia de cercanía y amabilidad con sus clientes. Hasta tal punto que se volvió una persona bastante grosera y arrogante con clientes, empleados y proveedores.

Al principio no se notaba, pero poco a poco comenzó a descuidar detalles de su restaurante que lo habían hecho único en su zona, como la decoración, la higiene, la calidad del servicio. Llegó un momento que las cuentas no iban saliendo, el problema es que nadie se lo decía porque se había vuelto una persona inaccesible y que vivía de su momento de gloria; que por desgracia poco a poco iba pasando. Vivía del recuerdo de su momento de éxito y pensando, en su foro interno, que hiciera lo que hiciera se mantendría como un restaurante de éxito. Tal como ocurre en la película *Sunset Boulevard (El Crepúsculo de los Dioses)* donde Norma Desmond, arrogante y desquiciada, sigue soñando con sus días de mayor éxito creyendo que algún día volverán. Antonio vivía de ese éxito que, al final, lo llevó al fracaso.

Y sí, el éxito lleva a la arrogancia, y la arrogancia al fracaso. Como si de un maestro del marketing se tratase, esta ley anticipa que el éxito puede llevar a una marca por el mal camino. Una estrategia exitosa puede alimentar el ego y la arrogancia, y hacer que se den pasos en falso y se cometan errores de gran impacto a largo plazo. Es importante no suponer que, aunque se haya posicionado la empresa como líder en un sector, se vaya a mantener por siempre. Las empresas entran y salen del liderazgo constantemente.

¿Qué ocurre cuando el éxito llega a tu empresa? Comienzan las contrataciones sin sentido, la dispersión, el egocentrismo, el dormirnos en los laureles, la falta de innovación. El éxito es un estado transitorio que dura muy poco tiempo, y tan volátil como los mercados. Es natural que el éxito tal como llega se va. A veces de manera rápida y otras a medio o largo plazo. Todo es cíclico y donde ahora estás arriba, mañana estás abajo. Es lo más habitual que esto pase, pero puede que ocurra de manera abrupta o de manera más paulatina. El problema es que muchos empresarios no lo ven o lo hacen demasiado tarde para poder corregir la tendencia.

Para que esto ocurra de manera abrupta es la arrogancia la que toma posesión. Sentir que nuestra empresa será líder siempre y que no tenemos que temer nada. Esto lleva a una mala gestión del marketing, sobredimensión de la empresa, malos productos, contratación errónea, subestimar a la competencia, mal trato a los clientes.

Empresas que han muerto de éxito han habido muchas, como es el caso de Kodak. No se adaptó a la nueva era digital. Pensaron que nadie utilizaría las fotos digitales y que todos querrían seguir viendo sus fotos en papel. Gran error. Las fotos no son objetos de posesión, sino de recordación, de estatus, de ego. Buscamos que nos recuerden situaciones placenteras: un viaje, por ejemplo, pero también que demuestren que hemos estado allí y que somos más *"cool"* el resto. Es lo que ocurre en las redes sociales. Nos da igual el formato, siempre y cuando podamos capturar ese recuerdo y que la era digital ha facilitado enormemente. ¿Qué sentido tenía seguir con las fotos en papel? Ese razonamiento no lo entendió la empresa Kodak, la arrogancia como líderes les confundió, por lo que en 2012 se declararon en bancarrota.

Acciones arrogantes que limitan el éxito de tu empresa

A continuación te detallo algunas acciones provenientes del ego y la arrogancia empresarial que deberías controlar y que pueden afectar a la continuación de tu éxito como empresario.

1. Descuidar a tus clientes. Sin clientes no hay negocio. Aunque ahora puede que tengas muchísimos, no puedes bajar el nivel de atención, ya que en cualquier momento puedes comenzar a instaurar malos hábitos de atención al cliente que afectarán a la percepción de tu mercado. Esto llevaría a poco a poco perder clientes a los cuales difícilmente podrás reconquistar.

2. Sobredimensionar tu empresa. Otro error muy común en la arrogancia empresarial es aumentar las dimensiones de la empresa por el mero hecho de sentirse más poderosos cayendo en gastos superfluos, mayor gestión de problemas. Lo ideal cuando se tiene éxito es buscar las razones de este, potenciarlas, detectando aquello que no aporta valor para reducirlo y optimizar la dimensión de la empresa. La mayoría de las veces, menos de lo que no funciona es más.

3. Lanzar productos inconexos. Otro gran error fruto de la arrogancia empresarial es sentirse invencible y lanzar productos y servicios que no forman parte estratégica de la empresa, creando confusión en los clientes y en el mercado, eclipsando productos estrellas que fueron el origen del éxito de la empresa.

4. Descuidar tus recursos humanos. El éxito empresarial al traer aumento de las dimensiones de la empresa conlleva más contrataciones, y por consiguiente, mayor riesgo de contratar personas tóxicas que pueden afectar al normal funcionamiento de tu negocio. Estas personas pueden cambiar el ambiente, crear conflictos que afectarán a tus resultados y tomar decisiones erróneas, si son ejecutivos, que hagan desaparecer a la empresa. Mi recomendación es que contrates lento y despidas rápido.

Plan de acción para evitar la arrogancia

• Analiza el nivel de éxito de tu empresa y cómo lo estás gestionando: *¿está cambiando en algo tu relación con tus clientes, empleados y proveedores? ¿Te has vuelto más distante, desconfiado y hermético?* Si es así mucho cuidado y haz algo para remediarlo. Un buen líder debe ser humilde y accesible para todos aquellos a los que lidera.

• *¿Sientes que tu empresa es indestructible y que siempre seguirás teniendo el mismo éxito de ahora?* Mucho cuidado. Estás entrando en una zona de peligro. Sé realista y piensa que lo mismo que ahora disfrutas de éxito, mañana puede que no lo tengas. La vida es cíclica; hoy estás arriba y mañana abajo. Presta atención. No cometas los típicos errores de los empresarios que creen que nunca les irá mal. No digo que te conformes con lo que tienes, sino que prestes atención porque andas por arenas movedizas y el éxito atrae muchos más peligros que no teniéndolo.

17. Ley de la Integridad

CONQUISTA TU MERCADO

Lucía no estaba pasando por un buen momento. Los números y sus expectativas empresariales no salían. No. No iba bien la cosa. En absoluto. Su taller de ropa no estaba yendo como a ella le gustaría. Veía oportunidades en su empresa, pero no tenía la suficiente liquidez para evolucionar e implementar estrategias que la podrían ayudar a dar el salto. La situación se complicaba cada día más, necesitaba ayuda para dar ese giro que sabía que podía significar un nuevo renacer en su negocio. Es ahí cuando, tras una charla con un proveedor, este le propuso ayudarla adelantándole productos para su nuevo proyecto y así evitar pedir un crédito.

El proveedor sabía que podía perder, pero después de haber tratado con ella durante muchos años, algo en él le decía que saldría todo bien. Lucía tenía una empresa con ética e integridad. Eso le empujó a dar el salto a ayudarla. Sabía que tenía todas las papeletas para tener éxito y que él podría ser un elemento clave para ese desarrollo, con el consiguiente beneficio, claro está.

Ética e integridad. Sí, señor. La empresa de Lucía tenía ética e integridad. ¿Qué dice el diccionario sobre la palabra integridad? Según el diccionario de la Real Academia de la Lengua Española, la integridad es la cualidad o el estado de poseer principios sólidos, honestidad y sinceridad. Yo creo que podríamos definirlo de una manera más sencilla: *hacer lo que uno dice*. Con esta sencilla definición, cualquiera puede ser íntegro mientras cumpla las cosas que diga. Un criminal puede tener integridad: *hace lo que dice*, eso sí, no es buena persona, pero sí íntegro.

Como empresa, cualquier cosa que digas, debes cumplirla. Si dices que vas a hacer esto o aquello; hazlo. Si haces una promesa, cúmplela. Si prometes un resultado, debes asegurarte de que ese resultado será el esperado. Es ahí cuando una empresa es íntegra; cuando lo que dice, lo hace. Por sus clientes, empleados y proveedores.

En el marketing, con base a lo que dices y haces, tu mercado percibirá rápidamente tu nivel de integridad. Esto, en ocasiones, puede ser muy sutil. Si en tu marketing afirmas algo que no es coherente con el resto de tu presentación, haces una exageración que no puedes probar, o dices algo que esté fuera de contexto, será percibido muy fácilmente por tu mercado y tus clientes. Serás percibido como vendehúmos, por ejemplo.

Esto también es aplicable a empleados y proveedores. Como te decía en la ley de los clientes olvidados, el buen marketing no solo está dirigido a los clientes, sino a todo aquel que tendrá una interacción directa con tu empresa, ya sea que te pague en dinero, tiempo o atención. Cumplir tu palabra con proveedores y empleados es fundamental. Dar lo que dices. Es así de sencillo.

Las personas no somos tontas y sabemos cuando alguien o una organización no es íntegra. Otra cosa es que necesitemos sus productos o servicios y aceptemos de manera estoica sus condiciones. Pero la integridad es una cualidad que todo ser humano detecta como mecanismo de defensa y adaptación al medio.

¿Quiénes son personas poco íntegras? El más claro ejemplo son los políticos. Un político que declare algo y luego haga todo lo contrario, inmediatamente su integridad se esfuma. Como el humo, de ahí que se conoce el adjetivo de vendehúmos. La falta de transparencia nunca ha sido una buena aliada de una estrategia de marca. El exceso de mensajes positivos, ocultando los fallos del producto o sus impactos negativos, genera desconfianza. Sin embargo, admitir los puntos negativos para atraer al público hacia los beneficios del producto es una estrategia de éxito, aunque pueda parecer arriesgada.

Parece que las empresas y organizaciones que más proclaman sus principios espirituales son los más flagrantes violadores de esos mismos principios, está más que comprobado. En tu marketing, independientemente de cuan intenso sea, si tus acciones no siguen tus mensajes y no están alineadas con ellos, no estarás teniendo integridad. Pero ten en cuenta que nadie es perfecto. Todos podemos equivocarnos. El asunto es; *¿cómo hacer para mejorar tu integridad a fin de tener más oportunidades de atraer clientes y vender tus productos y servicios?* Probablemente, el mejor método sea a través de la verdad. Sencillamente, ser consciente de que debe haber congruencia entre los que piensas, lo que dices y lo que haces. Y cuando cometas el error de no cumplirlo, decirlo y pedir perdón al mercado. En los negocios no buscamos superhéroes, sino proveedores de productos o servicios que satisfagan en mayor o menor medida nuestras necesidades, problemas y anhelos.

Tu plan de acción hacia la integridad empresarial

- Comienza tu plan de acción hacia la integridad empresarial contigo mismo, con un pequeño acto que corrija quizás algo que dijiste y que no cumpliste con un cliente, empleado o proveedor.

No hay mejor marketing para una organización que mantener la integridad con su mercado en todo momento.

• A partir de ahí, comienza a implementar la integridad en tu empresa, hablando sinceramente con tus empleados, comunicándoles la importancia de que actúen con integridad, sin miedo a decir la verdad a los clientes cuando no puedas cumplir una demanda. Las personas están dispuestas a aceptar con agrado una disculpa, pero nunca una mentira.

18. Ley del Foco

CONQUISTA TU MERCADO

Steve Jobs, fundador de Apple, decía que lo más importante para que un proyecto alcanzara el éxito era mantener el foco, reduciendo lo urgente y centrándose en lo importante. Lo urgente como tóxico para lanzar un producto de calidad y lo importante para entender qué quiere de verdad nuestro mercado para que sea disruptivo. Centrarnos en lo que de verdad importa y pueda marcar la diferencia. El problema es que cada día es más difícil mantener el foco de lo que hacemos. De hecho, se estima que con la llegada de las nuevas tecnologías nuestra capacidad para mantener la atención se ha reducido drásticamente.

Mantener el foco es verdaderamente difícil. En marketing, el foco lo es todo porque es lo único que te ayudará a que tus estrategias tomen forma. Siempre digo que el marketing es como el buen vino; necesita tiempo para que tome cuerpo. Y así es, necesita atención plena para que vaya dando resultados. De nada sirve andar de un lado para otro, de estrategia en estrategia si no logramos analizar y detectar los patrones ganadores para replicar y llevar nuestro marketing al siguiente nivel.

Imagina que estás en medio del campo, tienes un trozo de papel y quieres que arda. Necesitas energía para que haga que el papel prenda. La única energía que tienes a tu alrededor es la energía solar. Eso sí, te acompaña una botella de cristal. Puedes lograrlo usando la parte inferior de la botella y enfocando todos los rayos del sol en un mismo punto con el objetivo de que todas las fuerzas energéticas se unan y lleguen a sumar un mayor potencial. Es cuando puede llegar a arder.

Eso mismo es lo que tienes que hacer con tu marketing. Centrar las fuerzas en pocas acciones. Poner el foco en tus objetivos de marketing es la manera de conseguirlos. Igual que focalizarse en las tareas pendientes es la forma de llevarlas a cabo. Esto ocurre en cualquier tipo de proyecto que quieras impulsar o que estés inmerso; tanto en tu vida personal, en tu carrera profesional, en tus finanzas. ¿Pero qué es eso de mantener el foco en los objetivos? ¿Piensas que es algo sencillo? Siendo realista, en muchas ocasiones perdemos el foco y eso nos hace desviarnos del camino.

Hoy día tenemos miles de elementos que pueden hacer que perdamos el foco de lo que realmente es importante durante nuestra gestión de proyectos. Cientos de distracciones cada día y de inputs que nos roban nuestro tiempo y nos bombardean a cada momento; cuestiones familiares, amigos, ocio, tareas domésticas, redes sociales, eventos de todo tipo. Al final casi diría que parece un milagro que alguien consiga mantener el foco en sus objetivos y hacer algo.

¿Qué se entiende por mantener el foco, o focalizarse en tu marketing? Podríamos decir que mantener el foco es centrar el esfuerzo en lo más importante y olvidarse del resto. No dejando que cuestiones que no son las fundamentales obstaculicen las realmente relevantes de tu marketing. Steve Jobs resaltaba la importancia de renunciar para mantener el foco. La importancia de decir que no para no desviarnos del camino de nuestros objetivos. Pero, ¿cómo conseguirlo en nuestros días cuando tenemos tantos vampiros de tiempo constantemente ante nosotros?

Manteniendo el foco en tu marketing

Para lograr el foco de manera efectiva en tu estrategia de marketing tienes que crear objetivos. Objetivos que te permitan ir avanzando, viendo pequeños logros que sean la antesala del resultado final. Para ello, un objetivo en marketing debe tener las siguientes características:

1. Debe ser específico. El objetivo que te hayas marcado a nivel de clientes, posicionamiento, visibilidad, debe ser lo más concreto posible. Es decir, cualquier persona a la que le transmitas tu objetivo debe poder entender qué es exactamente lo que pretendes hacer y cómo. Por ejemplo, *aumentar en un 10% el número de clientes nuevos.*

2. Debe ser medible. Un objetivo que no se pueda medir se queda en nada porque no sabrás si lo has logrado o no. Un objetivo tipo: *hacer marca con tu empresa* no es un objetivo correcto, ya que no sabrás si lo has logrado, no lo puedes medir. En cambio, podrías decir algo así como: *aumentar en 5.000 seguidores nuestra cuenta de Instagram.* Eso sí es un objetivo medible. ¿Sabrás cuando lo hayas logrado o no? Por supuesto, en cuanto hayas llegado a los 5.000 seguidores más.

3. Debe ser alcanzable. Por supuesto, debe poderse alcanzar. De nada sirve ponerse objetivos si son difícilmente alcanzables, por ejemplo, *multiplicar por 10 mi facturación* cuando tu mercado no da para esos porcentajes de crecimiento. Tú sabes como de alcanzable es ese objetivo.

4. Debe ser realista. Difiere con la característica anterior, ya que alcanzable y realista no son términos sinónimos. Ser realista es saber que puede alcanzarse dentro de tus posibilidades actuales y futuras, por ejemplo, con los recursos que actualmente tienes. Quizás te pongas como objetivo multiplicar por dos las ventas cuando solo tienes un comercial. No sería realista, pero sí *un 10% de incremento mejorando sus técnicas de ventas con alguna formación que reciba.*

5. Debe estar limitado en el tiempo. Para no dormirse en los laureles, la mejor forma de enfocarse y alcanzar los objetivos establecidos es ponerse fechas límites. Establece una línea de temporal, tu propio cronograma. Cada objetivo debe estar definido en el tiempo, ya que nos ayudará a marcar las distintas etapas que nos permitirán llegar a la meta propuesta. Si no pones una fecha fija de finalización lo irás postergando y nunca lo cumplirás. Tienes que tener en cuenta la ley de Parkinson a la hora de establecer fechas limites. Esta ley dice que *"el trabajo se expande hasta llenar el tiempo disponible que se ha fijado".* Sé realista y conservador con los tiempos. Como dice la ley, el ser humano siempre agotará el tiempo del que dispone así que otorga el justo, sin pasarte por exceso ni por defecto.

Plan de acción para mantener el foco en tu marketing

Elabora una lista de objetivos de marketing y ventas similar a lo que podría ser una lista de tareas. Te ayudará a mantener el foco en tus estrategias. Realmente es lo que en definitiva es un plan de marketing y ventas; una serie de estrategias y tácticas delimitadas en el tiempo.

También podrías utilizar los cronogramas donde detalles en una tabla las tareas que debes llevar a cabo a lo largo del tiempo. Estas tareas tendrán fecha de finalización y a medida que se vayan ejecutando las irás señalando como completadas. Es muy importante mantener tus listas y cronogramas sencillos, con las tareas más importantes, ya que irse a pequeñas tareas de poco valor solo te provocarán ansiedad y desazón por ver que aún te quedan muchas por cumplir.

Los objetivos y tareas se dividen en *urgentes* e *importantes*. Siguiendo la matriz Eisenhower, la primera tarea que debes hacer es la urgente e importante, la segunda es aquella que es importante, pero no urgente, la tercera y que podrías delegar en otra persona es la urgente, pero no importante y, por último, la última sería la no urgente y no importante que podrías eliminarla porque no aporta ningún valor.

Priorizar y focalizar el esfuerzo para cumplir objetivos es algo que a todos nos cuesta porque tendemos a procrastinar. Dejar a un lado las tareas que realmente aportan valor en tus proyectos de marketing y ventas, como por ejemplo llamar a los clientes, y sí hacer lo más agradable, lo que menos tedioso nos resulta, siendo normalmente esto lo que es menos importante. No priorizar termina por provocar un caos de tareas sin terminar y de objetivos no conseguidos que solo llevan al fracaso y al estrés. Por el contrario, hacerlo es la forma de encontrar el orden en el caos de las tareas pendientes. Procrastinar es la acción o hábito de retrasar actividades o situaciones que deben atenderse, sustituyéndolas por otras situaciones más irrelevantes o agradables. Eso nos pasa a todos.

Y ahora responde, de manera sincera, a las siguientes preguntas:

- *¿Mantienes el foco en tus objetivos y en tus tareas de marketing y ventas?* Si no es así, *¿qué piensas hacer al respecto para mantenerlo?* Recuerda que tener foco es fundamental para que las estrategias den sus frutos y comiencen a funcionar.

- *¿Sabes diferenciar entre lo importante y urgente en tus estrategias de marketing y ventas?* Recuerda la matriz Eisenhower donde lo primero que tienes que hacer es lo urgente e importante.

- *¿Llevas un plan de marketing y ventas con objetivos claros y detallados?* Realizar un plan de marketing y ventas sencillo te ayudará a mantener el foco de tus estrategias y te dará una visión clara de todo lo que tienes que hacer para alcanzar el éxito y conquistar tu mercado.

19. Ley de la Dualidad

CONQUISTA TU MERCADO

El sueño de Eduardo siempre había sido emprender en el mundo del vino. Le apasionaba todo lo que tenía relación con este caldo. Le encantaba probar nuevos vinos, asistir a catas, pasear por los viñedos. Para él era pasión y sabía que algún día lograría tener su propia producción. Analizando el mercado de ciertas variedades y denominaciones de origen, detectó una cosa muy curiosa: en todas y cada una de las categorías de vinos siempre había una marca que vendía muchísimo y luego le seguía otra que, aunque no vendía tanto, si superaba con creces a la tercera empresa posicionada. Algo que le resultó muy interesante y le dio que pensar. - *Quizás debería comenzar a conquistar mi mercado centrando el foco en el segundo puesto y posicionarme como competidor del primero que siempre será mucho más costoso de superar* - reflexionó.

Esa observación era muy inteligente. Eduardo había llegado a la conclusión correcta analizando la situación actual de su mercado.

Para conquistar hay que analizar. Media conquista se realiza antes de la batalla. Y sí, en los mercados, normalmente, son dos los que se acaban llevando la gran parte del pastel. Uno más del 50% y luego le sigue el siguiente líder que suele rondar el 20%. El resto son los demás. Todos tenemos en la cabeza muy pocas marcas cuando nos preguntan sobre un mercado concreto. La mente no tiene mucha capacidad de recordación para que se te vengan todas las empresas que conforman un mercado concreto. Al final, solo las líderes son las que impactan en tu mente. Tanto a nivel local, como nacional e internacional.

Tal como veíamos en el ejemplo de Eduardo, todos los mercados acaban siendo liderados por dos marcas: una que es la indiscutible líder, la que se lleva la gran parte del pastel, y la segunda, que aunque no es tanto el pastel que se come, si es mucho más que el resto de los competidores que le hacen sombra. Esto ocurre en todos los mercados a largo plazo. A la larga, cada mercado se convierte en una carrera de dos participantes debido a la tendencia natural de los consumidores y clientes de recordar dos marcas fácilmente. Por ejemplo, Apple y Android. Existen otros sistemas operativos, pero no han logrado posicionarse de manera masiva en el mercado. Según fuentes de Statista, en 2023 la cuota de mercado de Android suponía el 70,88%, mientras que el de Apple era del 28,42%. Quedando menos del 1% en otros sistemas que no conocemos.

¿Cómo puedes enfrentarte a un mercado de dos únicos líderes? Mi consejo es que te centres en desbancar al segundo, te será más fácil lograr superar al segundo que tiene una menor parte del mercado, que al primero. Analiza qué características hacen líder al segundo y ve a robárselas, logrando posicionarte como el líder número dos. Te será mucho más fácil conseguirlo. No obstante, también tenemos una estrategia mucho más inteligente y es crear una categoría propia donde puedas ser el primero y comiences a liderar el mercado.

Vayamos a un ejemplo muy sencillo de entender, imagina que deseas posicionar un taller de coches en tu zona. Existen dos competidores que son los líderes indiscutibles y con muchos años, y que se llevan a la mayoría de los clientes. Uno de ellos es el líder número uno. El segundo es fácilmente alcanzable, pero supondría un gran esfuerzo en marketing. Quizás te interese buscar una categoría donde tú pudieras ser el primero y líder indiscutible. Detectas que en tu zona hay gran demanda de talleres de moto, pero no hay ninguno especializado, todos los clientes con motos van a los talleres líderes, aunque no les ofrecen un buen servicio, ya que están más enfocados en los coches. Así que decides montar un taller de motos y conquistar ese mercado en tu zona. Así de sencillo.

Muchas veces es más rentable reposicionar una idea que enfrentarse a los grandes, puesto que tendrás que afrontar muchos más costes en marketing y posicionamiento de marca en la mente de tu mercado. Un servicio con demanda y que nadie lo lidere es fácil que destaque en un mercado, simplemente anunciándolo. Has pasado de un mar rojo donde tú simplemente eres un pequeño pez a un océano azul donde tú eres el atún.

Plan de acción para conquistar un mercado de dos líderes indiscutibles

- *¿En tu mercado hay dos líderes indiscutibles? ¿Quiénes son? Si no eres tú uno de ellos, ¿es viable enfrentarte a conquistar el trozo de pastel que se lleva el segundo? ¿Te supondría mucho esfuerzo a nivel de marketing y ventas?*

- *¿No sería mejor reposicionarte en una subcategoría donde no haya un líder claro o bien sea muy débil y ser el que realmente lidere el mercado? Tal como ocurría con el ejemplo del taller de motos, puede que hayas pasado por alto alguna subcategoría que te diera una ventaja para posicionarte y liderar ese mercado.*

Ten en cuenta todas estas preguntas para cumplir la ley de la dualidad. Recuerda que en todos los mercados son dos líderes los que se llevan a la mayoría de los clientes. Sean mercados grandes, pequeños, locales, nacionales o internacionales. Se cumple siempre.

20. Ley de los Mínimos Vitales

CONQUISTA TU MERCADO

Wilfredo Pareto, allá por el siglo XIX, no se podía creer lo que había descubierto. Hizo varias pruebas y siempre llegaba a los mismos resultados: *la riqueza de Francia estaba repartida por muy poca masa de población.* Había muchos ricos, pero muchísimos más pobres. De hecho, detectó que solo un 20% de la población francesa poseía más del 80% de la riqueza. Pero no quedó ahí la cosa. Aplicándolo a otros asuntos, detectó que se repetía, en temas como la salud, los deportes, desarrollándose su principio de los mínimos vitales, donde *pocas causas son las responsables de la mayor parte de los efectos.* A este principio se le llamó ley de Pareto, regla del 80/20 o bien principio de los mínimos vitales.

Este es un principio muy poderoso en marketing. Te diría que de los más poderosos que puedes aplicar a toda tu vida porque te da claridad de en qué tienes que enfocarte, ya que todo lo que hagas no tendrá el mismo impacto. Por esta ley, pocas cosas serán responsable del

80% de tus satisfacciones. Pocas prendas te las pondrás el 80% del tiempo. Pocos amigos son el responsable de tus momentos más felices. La mayoría de los efectos son el resultado de pocas acciones. Lo que venimos a llamar la regla del 80/20.

Aplicado al marketing, te darás cuenta de que poco de lo que hagas tendrá el mayor impacto en tu estrategia, por ejemplo, una pequeña parte de tu publicidad traerá la mayor fuente de potenciales clientes, una pequeña parte de tus clientes son el responsable de tus ventas. Una pequeña parte de tus empleados son responsable de tus dolores de cabeza. En todo lo relacionado con los negocios se aplica esta ley de los mínimos vitales. Cuanto más acciones tomes, más te darás cuenta de esta desproporción.

En realidad no se respeta la proporción 80/20, sino que incluso está más desequilibrada, llegando a ser hasta del 99/1. Por lo que poco de lo que haces en tu marketing representará la gran parte de tus beneficios. La pregunta ahora es: *¿y cómo sé cuáles son esos pocos mínimos vitales?* Solo andando lo irás detectando. No hay otro camino. Es por eso que debes analizar siempre toda tu estrategia desde este prisma para potenciar aquello poco que impacta en la mayoría de esos resultados. Lo importante es que tengas presente que en todo lo que hagas en tus estrategias de marketing y de negocio, unas pequeñas acciones representan la mayoría de tus éxitos. Tu objetivo es detectarlas, optimizarlas y llevarlas al siguiente nivel. Este puede ser uno de los principios más importantes y que debes grabarte a fuego, ya que te ayudará a evitar que acabes malgastando dinero, recursos y tiempo en acciones que no impactan en tus resultados.

Ejemplos del principio de Pareto aplicados a tus estrategias de marketing y ventas

- *El 80% de tráfico que recibe una tienda online desde Google lo generan el 20% de las búsquedas.*

- *El 80% del impacto en redes sociales lo generan el 20% de las publicaciones.*

- *El 80% de los clientes compran el 20% de los productos y servicios.*

- *El 80% de los clientes los traerá el 20% de los anuncios que publiques.*

- *El 80% de tus gastos en marketing lo generará el 20% de tus acciones.*

- *El 80% de las reclamaciones las generan el 20% de tus clientes.*

- *El 80% de las ventas las generan el 20% de tus comerciales.*

- *El 80% de tu pérdida de tiempo lo genera el 20% de tus actividades.*

No quiero decir que sea justamente 80/20, sino que la desproporción puede oscilar desde poca o incluso a 99/1. Eso dependerá de la muestra que tomemos. Si analizas 10 clientes de tu empresa, posiblemente llegues a la conclusión de que el 70% de tus ventas las generen solo el 30%, es decir, tres clientes. Si tomas en cuenta una muestra de 1.000 clientes, posiblemente exista una mayor desproporción, pudiendo llegar al 90/10. Solo he seguido la línea 80/20 de nuestro amigo Pareto para que entiendas que todas las causas no provocan los mismos efectos en las empresas. No pierdas de vista esta idea. Es clave.

Aplicando la ley de los mínimos vitales en tu marketing

Puedes aplicar la ley de Pareto o ley de los mínimos vitales a tus tomas de decisiones en marketing y ventas. Esta ley te ayudará a priorizar las soluciones de esta manera:

1. Identifica los problemas de tu departamento de marketing y ventas. Imagina que quieres aumentar las ventas con nuevas estrategias de marketing, pero no sabes a qué tipo de cliente quieres dirigirte.

2. Determina qué clientes son los que generan el 80% de tus ventas. Habrás detectado que solo un 20% de ellos son los que más compran.

3. Dentro de ese 20%, analiza quién genera el 80% de esas ventas. Ahí habrás detectado un excelente perfil cliente ideal al que poder dirigir tus nuevas estrategias de marketing.

4. Ahora puedes enfocar tus estrategias de marketing en un perfil de cliente ideal que sabes que te dará mejores resultados de venta y te permitirá escalar tu negocio.

Te pongo otro ejemplo, imagina que tienes una tienda online. Detectas que de 100 quejas que recibes de clientes, la mayoría son por productos dañados. Tu equipo de ventas calcula la cantidad de reembolsos otorgados por productos dañados y descubre que representan aproximadamente el 80%. La empresa quiere prevenir estos reembolsos, y encontrar una solución para eliminar esta partida de pérdidas. Para ello, se decide mejorar el empaquetado para proteger los productos durante el envío y así se resuelve el problema. Has tomado acción, teniendo en cuenta el principio de los mínimos vitales, mínimos que representaban una gran pérdida en el negocio. En vez de atender todo tipo de quejas te has centrado en aquella que representa la mayoría de las devoluciones.

21. Ley de los Clientes Dudosos

CONQUISTA TU MERCADO

Tener una empresa de planificación de bodas no es nada fácil. Pedro lo sabía bien. Había montado su empresa hacía varios años, y aunque le iba muy bien, sabía que su salud se estaba deteriorando con tantos momentos de estrés, y picos de venta y secano. Una boda es una boda. Un acontecimiento social único y, con suerte, irrepetible en la vida de cualquier persona. Esto genera nervios y momentos de pánico que una buena empresa de planificación de bodas debe saber solventar. Pedro necesitaba mejorar ese aspecto de su negocio. Detectó que debía mejorar su clientela, no por dinero, sino por calidad de clientes. Veía que al final, los que siempre entraban eran clientes a la desesperada. Los que llegaban en el último momento, provocándole siempre mucho estrés. Necesitaba previsión, pero cuando algún cliente le contactaba para una cotización con bastante antelación y que le podría permitir tener mejor organizada su agenda, pocas veces cerraba la venta, y volvían al final, pocos meses antes de ese gran momento.

Analizando, detectamos que había ciertas acciones que podían mejorar sus cierres de ventas con antelación. En primer lugar, generando urgencia y escasez en sus argumentos de venta. Pedro comenzó a decir en sus cotizaciones que tenían que contratar con un año de antelación bajo una cantidad de dinero como reserva. Como argumento a esa objeción indicaba que de lo contrario no podría atenderles por capacidad.

Dado que Pedro tenía una empresa muy enfocada en sus clientes, los cuales estaban tremendamente satisfechos, incluyó en sus cotizaciones decenas de testimonios de estos para generar prueba social y rebatir objeciones de sus prospectos. Los resultados fueron que aumentó de manera exponencial su cierre de ventas con antelación, permitiéndole tener mayor previsión de ingresos y menor estado de ansiedad. Se llevaba a los mejores clientes; los previsores, los que realmente dudaban porque dudar es síntoma de buen estado mental y de personas que necesitan argumentos de base para tomar una decisión de compra. El buen marketing no está pensado para atraer a los clientes que ya están dispuestos a comprarte, sino más bien para convencer a aquellos que dudan entre comprar o irse con la competencia. Son los que yo llamo los clientes dudosos. Los de calidad, pero a los que hay que saber vender.

Un buen marketing tiene dos objetivos: rebatir objeciones a tomar acción y potenciar las justificaciones para hacerlo. El buen marketing no tiene en cuenta a los que ya desean comprar, sino convencer a los que dudan. Esos son los mejores clientes. Tendrás clientes más fieles y racionales, con muchas menos devoluciones, quejas y momentos de estrés.

Objeciones de tu cliente que lo frenan a tomar acción

Tu propuesta de marketing y ventas debe responder, en todo momento, todas y cada una de las objeciones por las que tu cliente no tomaría acción. Aquellas barreras mentales, miedos y obstáculos que tu cliente tiene que superar para que acepte tu oferta. Las objeciones son pensamientos que tiene tu cliente y que lo frenan para querer comprar tu producto o servicio. Estas objeciones, dependiendo del mercado, pueden ser:

- Por precio: *¿por qué vale lo que pides por tu producto o servicio?*

- Por resultados: *¿qué resultados voy a obtener y por qué?*

- Por tiempo dedicado: *¿me merece la pena perder el tiempo en este producto o servicio?*

- Por complejidad: *¿sabré utilizarlo o aplicarlo?*

- Por rapidez: *¿cuánto tarda en llegar el producto?*

- Por miedo a perder: *¿qué ocurre si no me gusta? ¿Puedo devolverlo? ¿Cuánto tiempo tengo?*

Hay miles de objeciones que rebatir a la hora de presentar tu propuesta. En objetivo está en buscar las principales de tu mercado. Todos los mercados no son iguales. No obstante, hay algunas comunes que se dan siempre; por ejemplo, el precio. *¿Por qué vale tu producto lo que pides?* Tanto por caro como por barato. Si es caro debes rebatir la objeción para que no vean que está sobrevalorado. Pero si es barato también, *¿por qué es tan barato?* Nadie quiere comprar algo que no es de calidad.

Anota todo lo que te pregunten tus clientes sobre tus productos o servicios cuando te sueles reunir con ellos. Ahí se encuentran las mejores objeciones que tendrás que rebatir en tu marketing. En la venta de programas para adelgazar se ve claro. La objeción principal de cualquier persona que desea perder peso es *"dejar de comer"*. Una estrategia de marketing para este sector debe dejar claro que no tendrá que dejar de comer para adelgazar, de lo contrario no venderá nada. Es así de curioso el ser humano.

Justificaciones de tu cliente que lo empujan a tomar acción

Al contrario que las objeciones, las justificaciones son aquellos pensamientos que refuerzan el hecho de tomar acción, es decir, de comprarte. Es lo que se dice tu potencial cliente para justificar que comprar tu producto es lo que debe hacer. Pueden ser justificaciones propias o de terceros, es decir, las que se diría él mismo o le diría a alguien si le preguntara la razón por la que ha comprado tu producto. Pueden ser diferentes.

Por ejemplo, si te compras un coche de alta gama, posiblemente le dirías a un amigo que lo has hecho por la seguridad de tus hijos, cuando realmente es que quieres sentirte importante. Eso lo sabes bien, pero incluso para justificarte ante ti también te dirás que la seguridad es lo primero, pero en el fondo el ego es el que te ha motivado a adquirirlo, porque coches seguros hay muchos más baratos.

¿Cómo puedes plasmar las justificaciones en tu propuesta? Con frases que apelen a lo inteligente y coherente de tomar la acción que deseas que tome, reforzando el miedo a perder y al deseo de ganar. Frases y argumentos como:

- *Recuerda que esto no es un gasto, sino una inversión que podrás recuperar en 20 días.*

- *¿No crees que ya es hora de implementar un sistema de control de gastos en tu empresa para evitar quedarte sin liquidez? Más de 250 empresas de tu sector ya trabajan con él.*

- *Este es el momento de conseguir posicionarte si no quieres que tu competencia te robe a tus clientes.*

- *¿Vas a permitir que otras empresas se lleven a tus clientes?*

- *¿De verdad te vas a quedar tan tranquilo sabiendo que mañana puede no estar disponible este producto?*

Todos tus clientes a la hora de tomar acción tienen objeciones y justificaciones. En psicología se llama disonancia cognitiva, algo que te frena y algo que te empuja a tomar acción. Si eres capaz de trabajarlas bien y rebatirlas o potenciarlas correctamente, te llevarás la mejor parte de tu pastel de mercado: *los clientes dudosos.* Aquellos que dudan entre tu producto o el de tu competencia. Los mejores clientes; racionales y que saben valorar lo que compran. Cada día son más los clientes dudosos, son clientes instruidos por la misma competencia que existe y por entornos sociales cada día más presentes. Si no sabes rebatir lo que los frena y justificar lo que los empuja a tomar acción, perderás una gran parte de tu mercado, dejando mucho dinero en la mesa, y posiblemente acabes trabajando con los peores.

Plan de acción para atraer a los clientes dudosos

- *¿Tienes claro cuáles son las objeciones principales por las que tu mercado no compraría tu producto o servicio a menos que las rebatieras correctamente?* Saca papel y lápiz y apúntalas porque tendrás que incluirlas en tus argumentos de ventas. Si no las conoces, a partir de ahora mantente atento a todo lo que te pregunte tu cliente a la hora de adquirir tu producto o servicio. Esas son las objeciones que debes rebatir. También puedes preguntarles a aquellos que no han comprado: *¿por qué no has comprado nuestro producto o servicio? ¿Qué te ha frenado a hacerlo?*

- En cuanto a las justificaciones, *¿tienes claro lo que tu cliente se dirá a sí mismo y a los demás para justificar el hecho de comprar tu producto o servicio?* Tanto a nivel emocional como racional. Recuerda que las personas compramos movidas por la emoción y luego nos justificamos con la razón. Analiza entre líneas, lógicamente no te van a decir que compraron un coche de alta gama por alimentar su ego. Eso lo tendrás que detectar tú con su comportamiento y tu experiencia en el mercado.

22. Ley de las Modas

CONQUISTA TU MERCADO

Me encantan las estalactitas y estalagmitas. Son una maravilla de la naturaleza. Si analizas en detalle cómo se forman, podrás ver que son rocas calcáreas que se van desarrollando muy poco a poco, lentamente. Gota a gota a lo largo de los años, van cayendo y formando una estructura que no sería posible si la cantidad de agua rica en carbonato cálcico que necesita para solidificarse se volcara de golpe. Se necesitan cientos de años para que se formen estas estructuras maravillosas. Estas estructuras fruto de la naturaleza vienen como anillo al dedo para explicar la ley de las modas. Un fenómeno que, aunque puedes aprovechar para obtener notoriedad en tu mercado, es cortoplacista y no te ayudará a crear una empresa *"estalactita"*, de largo plazo.

El buen marketing no persigue modas, sino tendencias del mercado, movimientos sociales que van haciendo cambiar el mundo. Las empresas, productos y servicios que triunfan a medio y largo plazo no se construyen sobre caprichos momentáneos, sino sobre tendencias, nuevas formas sociales, nuevos hábitos que se van implantando en la sociedad. Se entiende el capricho como un fenómeno temporal que puede ser rentable, pero no aporta estabilidad a la empresa.

Las tendencias, sin embargo, son menos virales, pero más duraderas, ya que son la respuesta a cambios de hábitos de las personas que van poco a poco apareciendo en la sociedad. Por ejemplo, la llegada de los teléfonos inteligentes. Aunque al principio fue una moda, lo que está cambiando el mercado son las tendencias que este desarrollo disruptivo ha creado en la sociedad. Aparte, tenemos lo que es la novedad. Un concepto que también tienes que tener en cuenta a la hora de hacer marketing.

Diferencia entre novedad, tendencia y moda

¿Cuál es la diferencia entre novedad, tendencia y moda? Son términos fundamentales dentro del proceso de marketing, en forma de conceptos estratégicos. Representan tres conceptos esenciales que debemos tener muy claros y aunque puedan parecer sin relativa importancia, la tienen y mucho.

Empezaremos primero por el concepto *novedad*, que hace referencia a cualquier tema o situación nueva, reciente, extraña. Constantemente estamos viendo surgir fenómenos novedosos. Ocurren cada día, partiendo desde cero o tomando como base otros anteriores. Aquí quiero matizar que no para todo el mundo la percepción de novedad es la misma. El componente subjetivo es muy alto y para alguien puede que algo concreto sea una novedad, mientras que para otro no lo es en absoluto. No obstante, la mayoría de las personas se sienten atraídas por la novedad, por lo que es algo que deberías utilizar en tu marketing para captar la atención de tu mercado.

¿Cómo puedes aplicar la novedad en tu marketing? Teniendo en cuenta que a todos nos encanta lo novedoso. Nos gusta emplear productos con nuevos enfoques o características. Esto siempre hará que tus clientes te compren más. Somos seres que buscamos la supervivencia y todo lo que tenga que ver con el concepto de nuevo nos permite sobrevivir a cualquier entorno de incertidumbre. Es la razón por la que la especie humana ha liderado el planeta Tierra. Estamos programados para ello.

Mi recomendación es que cada cierto tiempo generes novedad en tu mercado, dando un toque más fresco a tus productos y servicios, a tu estilo de marketing, a tu sitio web. Necesitas hacer ver que tienes una empresa que está en constante evolución. Viva. Cambia el aspecto de tu embalaje cada cierto tiempo o la estética de tus productos. Deja que lo novedoso sea parte de vuestra identidad, tal como le ocurre a marcas que están en constante evolución como Apple o Google. Fíjate en las empresas tecnológicas. Ellas saben que están en un entorno muy dinámico donde cada día el consumidor quiere novedades. Ellas se lo dan con nuevos diseños de productos que ya tienen desarrollados. Eso sí, mucho cuidado con cambiar elementos de vuestra identidad porque puede ser contraproducente. El cambio debe ser sutil sin tocar los fundamentales de vuestra empresa de manera radical, como por ejemplo el logo. Un cambio ligero, pero que no afecte a vuestro posicionamiento.

Imagina que eres una empresa fabricante de software. Una estrategia para imprimir novedad en tus productos es ir haciendo actualizaciones o pequeños cambios a nivel de diseño, facilidad de uso, implementación de aplicaciones. Es importante que vayas comunicando estas novedades si quieres que tu mercado sienta que estás vivo y no paras de innovar.

En cambio, la *tendencia* la debemos entender como la dirección que toma un mercado a través de los cambios sociales de los elementos que lo conforman: empresas, individuos, organizaciones. Las tendencias son sumamente importantes para la supervivencia de las empresas y se deben tener en cuenta porque te indicarán el camino que tu empresa debe llevar para satisfacer los problemas y anhelos de tus clientes. Estos irán demandando ciertos productos   para ir sobreviviendo, manteniéndose alineados a esa tendencia que les exige la sociedad.

Por ejemplo, volviendo a la empresa fabricante de software. La tendencia actual del mercado es que cada día se trabaje más utilizando el móvil, por lo tanto, tendrás que desarrollar una versión para teléfonos inteligentes intuitiva, robusta y que satisfaga esta tendencia natural del mercado. ¿Ves cómo se expresa la tendencia? Si no te subes a esa tendencia, pronto te quedarías desfasado y tus clientes dejarían de comprarte porque no satisfaces sus necesidades, impuestas por las tendencias del mercado.

Por último, tenemos las *modas*, que son demandas puntuales, pero que no tienen por qué quedarse en los mercados, sino que puede que lleguen y como lo hacen se vayan. Estos movimientos y demandas puntuales son interesantes de emplear a la hora de llegar a un público mucho más ligado a ellas, con tendencia a crear modas como los jóvenes. No obstante, nunca debe ser el punto de mira de la empresa, ya que debemos dirigir nuestra visión más a largo plazo, analizando tendencias y generando un entorno novedoso.

Por ejemplo, volviendo al ejemplo de la empresa fabricante de software. Como novedad, hemos detectado que todo el mundo habla de la inteligencia artificial, es por eso que aunque aún no lo vemos muy claro y no creemos que sea un elemento decisivo en la compra o no de nuestro producto a corto plazo, podemos incluir esta misma tecnología para apalancarnos en esta moda de la inteligencia artificial y llamar la atención del mercado. Aprovechas la moda que existe por la inteligencia artificial sin que eso comprometa tu visión futura, pero sí subiéndote al carro de todo el ruido mediático.

Como has podido observar, la novedad, tendencia y moda son tres elementos importantes para conquistar tu mercado, pero debes atacarlos de manera diferente. Con estrategias distintas que se adapten a cada una de ellas. Eso sí, debes tenerlas en cuenta, aunque solo la tendencia del mercado es la que te llevará a un éxito mucho más duradero en el tiempo.

Plan de acción para conquistar tu mercado

- *¿Tienes una estrategia para imprimir novedad en tu empresa, productos y servicios y seguir siendo atractiva para tu mercado?* Por ejemplo, haciendo algún rediseño de vuestros productos, un retoque de vuestro logo, implementando nuevos productos. La excusa perfecta para comunicarlo a tu mercado y que este vea que estáis vivos.

- *¿Tienes alguna estrategia para adaptarte a las tendencias de tu mercado y no quedarte atrás?* Mantente atento a lo que tu mercado va demandando y ve implementando esos cambios que serán los que te mantengan dentro de este. Si no adaptas tu empresa a las tendencias que tu cliente ideal exige, acabarás por salir de él.

- *¿Tienes alguna estrategia de marketing para aprovechar las modas, adaptarlas a lo que ofreces y generar atención en tu mercado?* Analiza redes sociales y mira qué está hablando la gente. Aprovecha momentos de modas para darle un nuevo toque a tu marketing y generar atención del mercado sin que esto afecte a la visión a largo plazo de tu empresa.

23. Ley del Posicionamiento Mental

CONQUISTA TU MERCADO

Al final, elegían el producto de Alejandro por la calidad. Todo su mercado lo tenía claro. Era el mejor y nadie podía arrebatarle ese concepto mental. Incluso aunque otros llegaran con la misma calidad. Se habían colocado en la mente de su mercado. La competencia no podía hacerse dueña de ese concepto porque ya lo tenía el producto de Alejandro. Teniendo en cuenta que el marketing no es una batalla de productos, sino de percepciones, una acción ganadora es apropiarse de la palabra correcta en la mente de tus clientes. Es decir, apropiarse de la etiqueta más relevante para una parte de tu mercado y con la que relacionará tu empresa, producto o servicio.

Lograr que tu mercado te relacione con una cualidad es el objetivo principal del marketing. Por ejemplo, si piensas en Apple, lo primero que te suele venir a la cabeza son palabras como *modernidad*, *diseño*, *pionero*. Son cualidades que la empresa se ha ido ganando con los años y que ha sabido rentabilizar. Apple es una empresa que atrae a

personas para las que el diseño, y el tener productos y servicios novedosos en tecnología es importante.

Las etiquetas mentales en psicología son conceptos, ideas que nos
permiten movernos por el mundo de una manera más rápida y eficaz,
ya que con solo pensar en esa etiqueta y valorarla nos permitirá tomar
decisiones. El ser humano le pone etiqueta a todo; algo está bueno o
no. Algo es bonito o es feo. Es la única forma que tenemos para catego-
rizar cosas, situaciones, personas, en nuestra mente. El problema es
que una vez que a algo le hemos asignado una etiqueta, muchas veces
es muy difícil borrarla y disociarla. Es como si guardaras esa etiqueta
en tu ordenador mental y la dejaras en el disco duro sin poder tirarla a
papelera de tu mente.

Por ejemplo, imagina que tuviste muy mala experiencia con una
empresa de telefonía. A partir de ese momento, todo lo que venga a tu
cabeza sobre ellos será malo. ¿Puede cambiarse esa percepción? Muy
difícilmente. Es por eso que es tan importante evitar anclar ciertas
etiquetas en la mente de tus potenciales clientes, ya que pensarán en
ello.

¿Cómo puedes hacer uso de las etiquetas en tu marketing? En primer lugar, es analizar las etiquetas que tu mercado ancla a empresas,
productos y servicios como el tuyo. Por ejemplo, una línea área puede
tener una serie de etiquetas que son comunes en las que pensamos
cuando contratamos un vuelo. Estas etiquetas pueden ser:

- Por precio: *son caros, son baratos, ofrecen ofertas.*

- Por calidad: *alta calidad, baja calidad, peligrosa, mala atención,
llegar a su hora, problemas en el vuelo, …*

Aunque ya no es cierto, cuando salieron las líneas aéreas de bajo
precio, unas cuantas se "etiquetaron" como tal. Si analizas ahora los
precios de esos vuelos te darás cuenta de que no son tan de bajo precio, aunque para tu mente sigas colocándole la etiqueta de *bajo precio.*
Es muy difícil quitarle una etiqueta a una empresa una vez que el

mercado y tu mente se la ha colocado. Tanto si es buena como si es mala.

En tu caso debes analizar aquellas etiquetas que son importantes para tu mercado y enfocarte en una de ellas, por ejemplo, ingredientes de alta calidad. Ahora tu objetivo sería enfocar todos tus argumentos a los ingredientes de alta calidad que tiene tu producto. Si utilizas ciertos ingredientes que son beneficiosos para la salud, sería interesante que lo indicaras en todo tu marketing, por ejemplo usar aceite de oliva extra. Incluso si evitas ingredientes que el mercado sabe que son dañinos, puedes incluir en tu marketing que no los emplees, por ejemplo, el no usar aceite de palma.

Toda esa argumentación irá enfocada en etiquetar tu producto con ingredientes de alta calidad, etiquetándolo como beneficioso para la salud. Si tu competidor no los usa o no lo dice, tu propuesta conquistará el mercado antes que la de ellos. Eso sí, es importante que lo digas. Lo que no se dice no se sabe. El objetivo es enfocar tu esfuerzo en destacar una cualidad altamente percibida por tu mercado. Si tu competencia se ha apropiado de la palabra *rápido*, tú puedes apropiarte de la palabra *calidad*.

Por ejemplo, imagina que tienes una tienda online y que tu competencia se ha posicionado como los más rápidos en las entregas. Tu objetivo, aunque es dar también un buen servicio de logística, no es enfocar tu marketing en la rapidez sino en la calidad. Si sabes que tu cliente valora la rapidez, la incluyes como segundo argumento. Dos empresas no pueden apropiarse de la misma palabra en la mente de sus clientes. Es inútil intentar adueñarse de una palabra que ya se asocia a otra marca.

Plan de acción para posicionarte mentalmente

- Piensa en varias etiquetas positivas que tu mercado perciba como importantes y decisorias para tomar acción y comprar tu producto o servicio. Deben ser etiquetas que tu mercado perciba como muy importantes.

• Coloca las empresas que son tus competidores y que te vienen a la cabeza cuando piensas en esas etiquetas. Intenta ser sincero, aunque no te gusten tus competidores, ponlas si crees que representan algunas de estas etiquetas. A todos nos molesta ver que otros se posicionan en características donde nos gustaría estar, pero el primer paso para superarlos es aceptar donde están anclados mentalmente en el mercado.

• Una vez tienes organizado a los competidores, *¿hay alguna etiqueta que no esté tomada por ningún competidor?* Si sabes que alguna es muy importante, pero ningún competidor la ofrece como argumentación de marketing, sería el momento perfecto para hacerse dueño de ella. Eso sí, intenta ser constante con esa etiqueta mental porque para que tenga efecto tienes que centrar todo tu marketing en ella y no cambiar de una a otra. Haz que cuando tu cliente ideal piense en ella sea tu empresa la que le aparezca en la mente. Ahí está la clave.

24. Ley de lo Impredecible

CONQUISTA TU MERCADO

Según estudios de psicología, el 95% de lo que tememos nunca ocurre. Antonio era un empresario muy preocupado con lo que pasaría a su empresa en el próximo año. Sufría mucho. Siempre se estaba adelantando a los acontecimientos, tanto que le provocaba ansiedad, incluso algún que otro susto, pensando que podría ser algo más grave como un infarto. Tanto sufrimiento por adelantarse a los acontecimientos. La competencia siempre estaba en su cabeza, vivía obsesionado por saber qué hacían, como lo hacían y el peligro que sufría su negocio con ello. Analizando cada año, al final era cierto que casi nada de lo que había temido ocurría. Todos los principios de años se prometía que no sufriría tanto con lo impredecible, pero siempre repetía el mismo patrón. Vivía en una preocupación contante.

Una tendencia natural de cualquier ser humano es intentar predecir el futuro. Nos encanta adelantarnos y preocuparnos por lo que pasará, aún sabiendo que el 95% de las cosas que nos preocupan nunca ocurrirán. No obstante, siempre proyectamos el futuro de una manera u otra. Como si tuviéramos una bola de cristal delante de nosotros que nos dijera qué pasará y que no. Es supervivencia, pero nos puede costar muy caro y alejarnos de lo que verdaderamente importa: *ocuparnos del presente.*

En marketing también ocurre. Se crean planes de marketing a varios años vista en un mundo tan complejo y tan volátil. Un mundo donde, de un día para otro, aparece una guerra, la bolsa cae, los precios se desploman, cambian los gobiernos, aparecen desarrollos tecnológicos disruptivos. Todo es impredecible. ¿No has notado que las crisis son cada vez más frecuentes? Todo y cada uno de esos eventos afectan a tu mercado de manera directa. Como ocurre con el efecto de la mariposa en la que una acción determinada puede provocar una serie de situaciones sucesivas, que terminan provocando un efecto considerable que no parece corresponderse con la situación o elemento que lo empezó. Un pequeño conflicto en un país puede derivar a que tu mercado se vea afectado por eventos concatenados.

Es divertido ver planes de marketing a diez años vista en un mundo tan tecnológico donde aparecen tecnologías como la inteligencia artificial o las criptomonedas que lo cambian todo y ponen al mundo patas arriba. Incluso, nos aventuramos a opinar sobre el futuro de nuestros competidores y sus próximos movimientos. Ocurre lo mismo con las inversiones en bolsa, si analizas redes sociales y noticias de inversión, te darás cuenta de que todos están prediciendo el futuro, como si supieran lo que va a pasar. Revistas, foros, influencers. Todos y cada uno dando su predicción. ¿Qué ocurre? Que la mayoría falla o simplemente, cuando no lo hacen es porque tienen suerte. Toman como argumentos datos que el inversor de a pie no sabe interpretar, por lo que encuentran el argumento perfecto para reforzar su punto de vista. Detrás de ese tipo de noticias hay intereses para que los pequeños inversores saquen y metan el dinero cuando no debe, ganando aquellos que provocan esas predicciones. *No puedes predecir el futuro, pero sí intentar manipularlo.*

¿Cómo puedes aplicar esta ley al marketing de tu negocio? Empezando por entender que el futuro nadie lo conoce, y que lo que haga tu mercado o tus competidores en los próximos años nadie lo sabrá. Ni el mejor visionario del mundo. Nadie. El aquí y el ahora es lo único que importa. Si eres de los empresarios que siempre está proyectando párate y no le dediques más de un minuto a proyectar porque posiblemente el 95% de lo que pienses no ocurrirá. Toma aire y utiliza el sentido común. Nadie puede predecir el futuro.

Es importante que tengas un marketing flexible, con estrategias que te permitan cambiar de rumbo si fuera necesario. Sin miedo. Esto es fácil decirlo para empresas pequeñas cuyas decisiones estratégicas no pasan por decenas de mandos intermedios con propios intereses para su vida profesional. En cambio, se hace una labor compleja para empresas más grandes que son gigantes que cuesta mover, en entornos cambiantes como los que vivimos y donde el simple hecho de tomar algunas decisiones para su futuro empresarial sería imposible poner de acuerdo. En las empresas pequeñas es más fácil aplicar estrategias de reposicionamiento, ya que al final la decisión es del dueño solamente.

Un plan de marketing flexible

¿Qué características temporales tiene un plan de marketing que funcione? Un plan de marketing flexible, que pueda adaptarse a cualquier situación que nos encontremos en el mercado.

- En primer lugar, está basado en una visión a largo plazo pero con estrategias a corto y medio plazo. Una característica que lo hace ser realista. Por ejemplo, sabemos que queremos duplicar nuestra facturación a 3 años vistas, ahora bien, cómo lo hagamos dependerá de estrategias de marketing y de ventas que deben ser flexibles porque tampoco sabemos si funcionarán dentro de un año, o si clientes importantes que ahora nos compran lo seguirán haciendo la próxima semana.

- En segundo lugar, un plan de marketing flexible tiene la capacidad de ser medido con indicadores que nos dicen lo bien o mal que se están cumpliendo los objetivos marcados. Es importante que crees esos indicadores que te dirán si vas por el buen camino. Indicadores como el número de clientes nuevos, número de peticiones de presupuesto, etc.

- Por último, es flexible hasta tal punto que puede ser cambiado de la noche a la mañana según las condiciones actuales del mercado. Mercados vivos que cambian rápidamente y sin previo aviso. Fíjate lo que ocurrió hace unos años con la pandemia. Es cierto que son eventos poco comunes, cisnes negros como se les suele llamar, pero que pueden ocurrir y debemos estar preparados para ellos.

Analizando el pasado para predecir el futuro

Una acción mucho más razonable y que te dará mayores resultados es analizar el pasado de lo que suele ocurrir en los mercados. Este siempre te revelará el futuro porque el ser humano y los mercados repiten patrones constantemente. Es lo que posiblemente esté ocurriendo en tu mercado ahora mismo y que pasó en el pasado pero ligeramente diferente. No tan diferente como para no poder inspirarte y tomar decisiones. Es más efectivo analizar qué pasó en el pasado que obsesionarse por el futuro. El pasado siempre te revelará lo que ocurrirá.

No intentes obsesionarte con el futuro de tu mercado ni de lo que hará tu competencia. Seguramente no se cumpla. Analiza el ahora e intenta que tu marketing se adapte a las circunstancias actuales. Mañana ya veremos. Sé flexible y olvídate del *"siempre se ha hecho así"*. El mundo no funciona de esta manera. Todo va cambiando de una forma vertiginosa que te impide estar más de varios años con la misma estrategia. Todo es efímero y prestado. También el éxito. Hoy lo tienes, mañana no.

Plan de acción para evitar la predicción obsesiva

• *¿Tienes un plan de marketing a corto plazo o más bien es muy a largo plazo?* Si es demasiado a largo plazo, evítalo, nada te puede garantizar esos resultados. Mejor enfócate en crear una visión a medio plazo, pero con acciones a corto plazo que te vayan acercando a esta. No sabes lo que hará tu competencia, ni tan siquiera si existirá en unos años. Piensa en el momento y en dar lo mejor de ti a tus clientes ahora.

• *¿Analizas lo que ocurrió en el pasado en tu mercado y en empresas similares?* Busca cisnes negros que ocurrieron en tu mercado y en empresas similares para estar preparado, por si las moscas. Es más probable que ocurra lo que una vez ocurrió, que aquello que temes y que solo está en tu cabeza sin base en la historia. Pregúntate: *¿esto ocurrió alguna vez?* Te dará una visión más acertada.

25. Ley del Producto Estrella

CONQUISTA TU MERCADO

Alberto tenía una empresa de consultoría empresarial. Se encargaban de implementar sistemas de gestión logística en las empresas. Les iba fantásticamente bien. Tenían un servicio que funcionaba y que les permitía generar altos ingresos de manera recurrente con clientes que venían una y otra vez. Tenían capacidad para atenderlos de manera excelente, por lo que siempre tenían clientes con los que trabajar. Alberto se sentía exitoso, pero aun así quería seguir creciendo, por lo que pensó en ofrecer otro tipo de servicio de consultoría que, aunque no tenía mucha relación con el de gestión logística, le podía generar muy altos ingresos.

Cuando se dispuso a implementar este servicio, se dio cuenta de que sus empleados no eran aptos para ofrecer este servicio, ya que no tenían experiencia en esta área más administrativa. Además, a los clientes actuales no les interesaba este servicio por lo que debía abrir nuevo mercado, y lo que es peor, sus clientes buenos acababan confundidos por el hecho de que no entendían qué estaban ofreciendo actualmente y si iban a dejar de ofrecer su servicio estrella. Alberto se dio cuenta de que había hecho más compleja su empresa y lo que a priori podía ser una nueva fuente de ingresos se estaba convirtiendo en costosos gastos que sabía que no iba a recuperar. Incluso corriendo el riesgo de perder el posicionamiento mental que actualmente lideraba en su mercado por confundir a su cartera de clientes.

¿Qué podemos concluir de este caso? Que muchas veces más es menos. Que crecer sin una estrategia lógica te puede llevar al fracaso cuando previamente tenías éxito. Vivimos en un universo abundante. Infinito. Donde nada es escaso. Cuanto más productos ofrezcas, más posibilidades de fracaso en tu marketing se tiene. Siempre habrá un producto que se venda más, siguiendo la ley de Pareto o regla del 80/20, donde el 20% de tus productos generan el 80% de tus ventas.

Mantén el foco. Existe una presión irresistible para extender la gama de productos de las marcas. Muchas empresas arrancan con un producto. Si tienen éxito, intentan expandir sus líneas ofreciendo productos para todos los gustos y eso es un gran error. Esto lo único que logra es complicar todo el sistema, confundir a los mercados y que el producto que te llevó al éxito acabe eclipsado por tu competencia y por otros productos de tu propia empresa.

En este escenario, las marcas tienden a diluirse. La digitalización y, sobre todo, las plataformas han hecho posible la búsqueda de economías de escala en mercados en los que antes era imposible. En este contexto, es más asequible seguir creciendo manteniéndose fiel al producto original. El 80% de tus ventas vendrá por un producto o servicio estrella. Fíjate en la bebida más conocida del mundo: *Coca - Cola*. Sigue siendo el producto estrella de la empresa. La original. Puede que ofrezcan alguna variante para entretener un poco al mercado e inyectar un poco de novedad, no obstante saben que su producto estrella es el que es y todo lo que hacen en marketing está enfocado a esta bebida.

Para la empresa Apple ocurre lo mismo. Saben que su producto estrella es el iPhone. Lo tienen bien claro. No obstante, lanzan otros productos, pero nunca eclipsan a este producto que representa el 80% de sus ingresos y al que deben todo.

Los productos estrellas son productos excelentes, ya que representan los productos de entrada, por los que tus clientes entrarán a tu negocio y se harán compradores. Son productos donde tus potenciales clientes comienzan a consumir tu gama de productos, tal como le ocurre al iPhone. Es un producto de gran aceptación y que suele ser el producto estrella de tu gama. El que funciona en publicidad, en marketing. Por ejemplo, todas las empresas tienen un producto estrella. La marca de coches Volkswagen tiene el Golf. Si analizas sus ventas te darás cuenta de que una gran parte de ellas se la lleva el Golf. Podemos decir que es su producto estrella.

Esto es aplicable a todas las empresas. Lo ideal sería tener un producto estrella. Un producto de entrada que represente la gran parte de tus ventas. Posteriormente, tendrías otros productos cruzados, es decir, los ofrecerías una vez que ya es tu cliente. No obstante, la mayoría del marketing sería de ese producto estrella, con lo que tienes un mercadeo centrado y muy enfocado en lo que realmente te trae clientes. Es mucho más fácil venderle otros productos a un cliente que ya es tu cliente, ya que la mayoría de las objeciones más importantes ya están rebatidas. Un comprador del modelo Golf siempre es más proclive a comprar otro modelo de la misma marca que irse a otro fabricante. Claro está, siempre y cuando ha quedado satisfecho.

Hay un experimento muy conocido en marketing que se llevó a cabo en Estados Unidos. Se le llamó el experimento de la mermelada y donde se explica el fenómeno psicológico de la paradoja de la elección. Un día, a las personas que visitaban un mercado de alimentos se les ofreció una muestra de 24 tipos diferentes de mermelada. Al día siguiente se realizó la misma actividad, sin embargo, esta vez los visitantes solo tuvieron 6 mermeladas para degustar. Descubrieron que cuando se trataba de hacer una compra, aquellos a los que solo se les había ofrecido 6 opciones, tenían 10 veces más probabilidades de comprar una mermelada que aquellos que tenían 24 opciones.

Tal vez pensaste que al tener tantas opciones sería mucho más fácil elegir una. Sin embargo, esto suele causar dificultades en la mente de las personas y tendrá un efecto contrario, es decir, pospondrán la toma de la decisión de compra, ya que deben procesar más información y hay mayor desgaste de energía. El exceso de opciones genera ansiedad en las personas, e incluso, puede causar que comiencen a enfocarse más en las desventajas del servicio o producto que en sus ventajas para justificar no comprar.

¿Deberías considerar reducir la cantidad de productos o servicios que ofrece tu negocio? La respuesta es no necesariamente. Lo que sí deberías es enfocarte en desarrollar un producto estrella de entrada que te permita tener un marketing efectivo y que cuando sean tus clientes puedas ofrecerles muchos más productos de tu gama.

Plan de acción para conquistar tu mercado con tu producto estrella

- *Selecciona un producto estrella de tu gama*. Analiza qué producto es el que más vendes y por qué. Centra tu marketing en ese producto estrella. No hagas marketing de otros, ya que la rentabilidad caería y crearías confusión en tu mercado. Lleva ese marketing al siguiente nivel centrando las fuerzas.

- Posteriormente, haz una estrategia de venta una vez que tienes a ese cliente comprando tu producto estrella, por ejemplo, con *ventas cruzadas*. ¿Cómo le puedes ofrecer un segundo producto una vez que te ha comprado el producto estrella?

- Si tienes muchos productos estrellas, *simplifica tu gama*. Muchos de ellos no aportan valor, generan gastos y además, puede incluso que estén tirando por tierra tu marca generando confusión. Para ello utiliza nuestra ley de los mínimos vitales, donde muy pocos productos son los responsables del 80-90% de tus ventas. Selecciona estos y llévalos al siguiente nivel de promoción y venta.

26. Ley de la Persuasión

CONQUISTA TU MERCADO

Isabel tenía una empresa de consultoría en gestión de la calidad. Su empresa estaba bien posicionada en Internet, apareciendo en los primeros puestos de los buscadores en cuanto buscaban las palabras claves *"consultora gestión de calidad"* en su ciudad. Llegaban a su página de servicio donde explicaba lo que hacía y para quién. En principio, tenía un sistema que debería traerles peticiones de presupuesto. Pero no, no traía empresas interesadas en sus servicios de gestión de la calidad.

Analizando, nos dimos cuenta de que no dejaba claro que ofrecían un servicio de gestión de sistemas de calidad, quedando en algo ambiguo, nada claro. Tampoco tenía enfocados los beneficios de su servicio ni los problemas que resolvía, por lo que generaba muy poco interés entre sus visitantes. No existía un desarrollo de las características del servicio con los beneficios que traería para la empresa que los contratara, por lo que el deseo de pedir más información no estaba.

Tampoco había prueba social, ni un proceso para rebatir las posibles objeciones y potenciar las justificaciones a pedir más información sobre el servicio. Y por supuesto, no había un llamado a la acción claro y persuasivo. Solo un formulario escondido que casi no se veía.

Fue ahí cuando al cambiar todo, Isabel comenzó a tener peticiones de presupuesto porque realmente tenía una página que actuaba como su mejor comercial. Llamaba la atención de su cliente ideal, aquel que buscaba *"consultora gestión de calidad"* en su ciudad, generaba interés por saber más del servicio, deseo para pedir información, argumentos para hacerlo y cómo, apelando a la urgencia y escasez. En definitiva, tenía un proceso persuasivo de venta. Tenía una página de ventas que hacía su trabajo de maravilla.

Es por eso que, si piensas qué es lo que quieres conseguir de tu mercado, la respuesta sería muy sencilla: que compraran tus productos y servicios, ¿verdad? Pero claro, para llegar a ello ha habido que recorrer un largo camino, nadie va regalando su dinero y su tiempo así como así. Yo por lo menos no lo haría. Tienes que haber creado una serie de estímulos psicológicos en la mente de tu cliente que le generen esa motivación a comprarte, o por lo menos a pedir más información. Le has debido persuadir para lograr eso que anhelas: *que te compre o pida más información.* Es aquí cuando aparece la ley de la persuasión. Una ley que te permitirá llevar de la mano a tu cliente para que tome la acción que te has propuesto. Paso a paso, para que al final acabe comprando.

Pues bien, atendiendo al proceso persuasivo y de influencia que toda empresa debe llevar a buen término si quiere atraer clientes, existen una serie de elementos claves que debes conocer y que son pilares que sustentan ese proceso persuasivo que hará que un total desconocido se haga cliente. Tal como le ocurría a Isabel con su página de servicios. A continuación te los detallo.

Confianza, credibilidad y autoridad

Cuando hablamos de influir y persuadir no me refiero a manipular. Son términos totalmente diferentes. La influencia y persuasión es lograr un cambio de actitud de una manera razonada, mientras que la manipulación es engañar para que lleve a cabo lo que deseas lograr. No tienen nada que ver.

Para que haya un proceso de persuasión, la *confianza* es el primer paso. Desde tu primera interacción con ese cliente. Esta es la seguridad de que eres de fiar. La seguridad y esperanza de que le puedes ayudar a solucionar sus problemas. Sin confianza no hay relación entre las personas. Las personas necesitamos confiar unas en otras para crear lazos afectivos, emocionales, mercantiles, profesionales. De lo contrario, no se producirá esa magia entre ellas. Es por eso que desde el primer encuentro con tu mercado y con tu cliente debe haber confianza. Como siempre digo; *si logras que tu cliente confíe en ti ya tendrás la mitad de la venta hecha.*

¿Cómo puedes ganarte la confianza de tu mercado y de tu cliente? Dando la cara, siendo transparente. Intenta ser una empresa visible no solo como marca sino con las personas que la forman. Las personas nos relacionamos con otras personas. Proyecta la mejor versión de tu negocio. Saca a la luz aquellos aspectos positivos que lo hacen únicos. Cuida todos tus activos para que generen confianza, por ejemplo, tu dominio, el diseño de tu sitio web. Todos esos elementos deben generar confianza, la antesala a una relación a largo plazo. No olvides que sin confianza no hay clientes. La confianza lo es todo en los negocios.

La *credibilidad* es otra característica que mejora la persuasión y la toma de acción de tu cliente. Una empresa excelente debe ser creíble en su mercado. Teniendo en cuenta que ofreces promesas de transformación desde un punto A de dolor hacia el punto B de tranquilidad, tu cliente debe creer que eres tú el catalizador para esa transformación. La credibilidad es la calidad de aceptar como verdadera aquellas afirmaciones que tú como emisor de un mensaje estás emitiendo a tu audiencia, mercado ideal y cliente ideal.

Para poder lograr que te compren tienen que creer en ti, en que lo que ofrece tu producto y servicio es real, y no eres un vendedor de crecepelos. Es por eso que la credibilidad es uno de los factores claves a la hora de conquistar tu mercado. Una empresa que no es creíble no atrae clientes porque no perciben que lo que dices es real o funciona. ¿Cómo puedes potenciar tu credibilidad? A través del aporte de valor, con los casos de éxito, testimonios de otros clientes que han comprado tus productos y servicios. Con una declaración de venta sustentada en argumentos, de manera clara y entendible por tu mercado.

La *autoridad* es otra característica clave para persuadir a tu cliente para que te compre. Si bien puede confundirse con el ejercicio del dominio o de la aplicación del poder coercitivo en las demás personas, no es nuestro caso como empresarios. Para nosotros, una empresa con autoridad tiene la cualidad de ejercer una cierta influencia en su mercado. Tal como ocurre con marcas que se han ganado la autoridad, como puede ser Apple, que impone tendencias en los mercados. Aquí no hablamos de manipular, una autoridad puede hacerlo, aunque no es lo correcto, más bien de persuadir, que es diferente. Hacer que esta persona tome una acción o pensamiento con argumentos claros y razonados. Frutos de tu experiencia, conocimiento y capacidad de transmisión de la información.

El proceso persuasivo

Una vez que has logrado ganarte la credibilidad, confianza y autoridad de tu mercado, queda la última parte: *que tus clientes tomen acción y pidan más información sobre un producto o que compren directamente.* Para ello existe una fórmula con la que lograr persuadir a esta persona para que haga lo que te has propuesto sin manipularla, simplemente persuadirla de que lo que ofreces es lo que necesita.

Atención. El primer elemento es la atención. Sin atención esa persona no se parará a leerte, escucharte y saber de tu propuesta. Estamos en la era de la distracción. Diariamente, somos sometidos a miles de estímulos, por lo que la atención se ha vuelto cada día más valiosa y escasa. La atención lo es todo. Todas las empresas pagamos por un mínimo de ella. Eso sí, atención cualificada porque de nada sirve llamar la atención de aquellos que no son tus clientes ideales.

Interés. Otro elemento fundamental en el proceso persuasivo es la generación de interés. Una vez que esa persona te ofrece su escucha activa, es el momento de generarle interés. Para ello, lo mejor es apelar a sus problemas urgentes y anhelos. Dando en lo más profundo de sus dolores de cabeza. Una persona a la que no sepas generarle interés por lo que ofreces no querrá saber de tu producto o servicio, aunque sea lo que necesite de manera urgente. A las personas les importa muy poco tu empresa o lo que vendas, ellos solo quieren solucionar sus problemas, no lo olvides.

Deseo. El siguiente elemento dentro de lo que es una secuencia persuasiva es lograr despertar el deseo de saber más. Ello se logra presentando tu producto o servicio de manera correcta, con sus características y beneficios bien explicados, con un nombre atractivo. El objetivo es crearle ese deseo vehemente de querer saber más de ello y que pida más información o simplemente lo compre. El deseo de saber más será la motivación necesaria para que tome acción.

Objeciones y justificaciones. Otra parte fundamental del proceso persuasivo son las objeciones y justificaciones. Pensamientos ambivalentes que frenan a tu cliente o que lo empujan a tomar acción. Tu objetivo es rebatir las objeciones que lo frenan y potenciar las justificaciones que lo empujan a dar el paso. Cuando tomamos una decisión nos movemos entre lo que nos empuja y lo que nos frena. Como ya te he explicado en anteriores leyes, debes lograr que la balanza se incline hacia lo que lo empuja.

Toma de acción. Casi para terminar, tenemos la toma de acción. Este paso es fundamental, ya que sin ella las posibilidades de que tu cliente no haga nada son muy altas y todo lo que has hecho no valdría en absoluto. La toma de acción es una declaración explícita de lo que tiene que hacer, cómo hacerlo y por qué hacerlo ahora. Por ejemplo, completar un formulario de contacto o simplemente llamarte por teléfono para más información sobre el producto o servicio.

Urgencia y escasez. Teniendo en cuenta que el ser humano toma acción en la urgencia y escasez, es interesante saber plasmar esos estímulos que apelen a lo urgente y escaso con el objetivo de aumentar las posibilidades de éxito. Hacer que esa persona tome acción ahora y no lo deje para mañana, porque todos sabemos que el mañana en marketing y ventas no existe. Lo que tu cliente no haga ahora, no lo hará después. No lo olvides.

Plan de acción para generar persuasión en tu marketing

- *¿Trabajas para ganarte la confianza, credibilidad y autoridad de tu mercado?* Crea estrategias para cubrir cada una de estas características. Son la antesala a la conquista de tu mercado y el éxito empresarial.

- *¿Tu marketing sabe llamar la atención de tu cliente ideal?* Recuerda que sin llamar la atención las personas no se pararán para saber de tu propuesta. Cuida de que sean clientes cualificados, no te interesa llamar la atención de todo el mundo.

- *¿Tus acciones de marketing generan interés?* Para ello enfócate en profundizar en los problemas y anhelos de tu cliente ideal. Aquello que le quita el sueño.

- *¿Tus productos y servicios provocan deseos de saber más?* Para ello debes presentarlos de manera adecuada, con características y beneficios bien explicados. Recuerda que más importante que lo que vendes es cómo lo vendes.

• *¿Llamas a la acción a tus potenciales clientes?* Sin llamar a la acción tus potenciales clientes no harán nada. Pide que hagan algo ahora. Explica cómo hacerlo y la razón para hacerlo ahora.

• *¿Apelas a la urgencia y escasez?* La urgencia y la escasez en marketing y ventas son dos grandes motivadores. Recuerda que las personas tomamos acción cuando tenemos miedo a perder una gran oportunidad.

En definitiva, sin persuasión no hay acción, y sin acción no hay clientes. Todo lo que hagas en el marketing y ventas de tu empresa debe llevar este proceso persuasivo, de lo contrario tus clientes no comprarán tus productos o servicios.

27. Ley del Horizonte Temporal

CONQUISTA TU MERCADO

Uno de los grandes problemas que tenemos en la sociedad actual es lo cortoplacistas que nos hemos vuelto. Nuestro horizonte temporal es cada día más corto. Esto se ve todos los días en los políticos que solo piensan a cuatro años vistas. En el tipo de construcción que se realiza cuando antiguamente eran verdaderas obras maestras de la arquitectura. En los negocios que se crean tan especulativos. Nada está pensado para perdurar, sino para aprovechar las oportunidades de hoy sin aportar un valor futuro.

¿Cuál puede ser la causa de esta tendencia tan cortoplacista? Opino que hay muchas. Después de estudiar a grandes economistas de nuestra era, he visto que una de ellas es el dinero. Sí. El dinero tal como lo conocemos actualmente nos provoca acortar las miras. Empezando que el dinero ya no vale nada, es decir, va tendente a cero. Lo que hoy te vale 1 mañana te vale 10, perdiendo valor monetario. ¿Qué significa todo esto? Que nos obligan a que cada vez ahorremos menos, y el ahorro es una visión a largo plazo de la vida. Miramos menos el futuro, centrándonos en el presente, en el ahora, ya que al final lo que tienes no valdrá nada. Esto es una gran causa de todo lo que sufrimos. Es por eso que es necesario invertir para mantener la riqueza que duramente hemos acumulado.

Esta mentalidad cortoplacista nos lleva a crear cosas que no duran nada. ¿Cuánto tardó Leonardo da Vinci en terminar el cuadro de la Monna Lisa? Se dice que más de 11 años. ¿Qué artista tarda ahora 11 años en crear una obra? Ninguno. Nadie se dedica 11 años a crear nada. ¿Cuánto tardaban las catedrales en construirse? Siglos. La de Sevilla tardó 106 años en terminarse. Ahora se construyen iglesias como si fueran centros de salud. En menos de 1 año. Además, la sociedad nos ha habituado a obtener las cosas de manera inmediata. Quieres comer, tienes comida. Deseas beber, tienes bebida en el frigorífico. Quieres relajarte, tómate una pastilla. Tienes un resfriado, ¿para qué esperar a que cure? Tómate un sobre de este medicamento y en menos de una hora ya estarás listo para volver a tu vida normal. Sin ninguna molestia. Todo esto nos lleva a tener una mentalidad de corto plazo donde queremos resultados ya, ahora. No vamos a esperar, porque la sociedad nos lo ofrece sobre la palma de la mano. Y mucho más en estos tiempos que corren, con la llegada de Internet. Donde todo está al alcance de un clic.

Si aplicamos esta forma de comportarnos y de pensar al marketing de tu negocio, te darás cuenta que actúas de una manera muy reactiva, en vez de pensar en estrategias a corto, medio y largo plazo. Es la tendencia que voy viendo en los empresarios donde quieren resultados para ya, cuando realmente todo tiene su tiempo. En marketing esta forma de pensar es contraproducente. Como te he comentado en el resto de las leyes, debemos ir conquistando el mercado de una manera estratégica y, sobre todo, conquistando las mentes de tus clientes. Algo que no se logra de la noche a la mañana, sino que requiere mucha constancia y tesón.

Está comprobado que necesitamos más o menos dos años en posicionar una marca o un concepto en la mente del mercado. Es cierto que ahora con las redes sociales y un buen presupuesto puedes hacer que estos tiempos se acorten, no obstante, necesitas un tiempo importante para ver cómo te posicionas en tu industria. Nunca verás resultados de marketing a corto plazo. Me refiero a resultados de base, no simples logros que no valen nada. No me refiero a tener un cierto éxito con un producto, más bien a crear una marca a prueba de huracanes de mercado.

Para ello tienes que ver tu marketing y posicionamiento de marca como una carrera a largo plazo. Una carrera de fondo con una misión en mente: *conquistar el mercado y afianzarte*. No queremos modas rápidas que hoy llegan y se van. No queremos que tu empresa se comporte como el cava, donde a los pocos minutos se queda en nada. Queremos que sea como el buen vino, que requiere tiempo para tomar cuerpo y que se hará más valorado cuanto más se cuide a largo plazo.

Falla mucho pero falla rápido

Una clave a la hora de crear una marca durable en el tiempo es tu capacidad de fallar. Hacerlo de manera rápida siempre es bueno, ya que significa que te quedan menos intentos para alcanzar el éxito. El fallo es parte del día a día del emprendedor que toma acción. Quien no hace, nunca falla. Es curioso como nuestra mentalidad hispana ve tan mal el hecho de fallar. Infravaloramos a las personas que crean y fallan. Muy al contrario que la cultura anglosajona, donde el error es parte del aprendizaje y un paso menos para el éxito.

El error nunca afecta a las marcas que miran a largo plazo porque saben que es parte de su aprendizaje y evolución. No tienen miedo a fallar en sus productos o servicios porque saben que para lograr el éxito es necesario lanzar muchos que no lo tendrán. Eso sí, tienes que mantenerte cuidadoso con esos fallos porque se pueden pagar muy caro. La clave está en fallar mucho, rápido y a bajo coste para que no acabes hundido. España es un país donde no es fácil salir del fracaso. Todo está confabulado para someter a las mentes brillantes y vanagloriar a los mediocres, sin mérito alguno. Propio de las actitudes cortoplacistas de nuestros gobernantes que solo ven su permanencia en el sillón.

Acciones de corto, medio y largo plazo

A corto plazo hay muchas acciones para lograr el posicionamiento de tu marca. Sobre todo aprovechar las nuevas tecnologías para hacer llegar tu mensaje. Piensa que la mayoría de las empresas son muy poco tecnológicas. Las personas son usuarias pero no creadoras. No usan la tecnología para conquistar sus mercados, sino simplemente como usuarios. Llevo con la tecnología toda mi vida y lo único que veo son personas que la consumen, pero que no saben utilizarla para generar riqueza y oportunidades.

Es por eso que, saber utilizar la tecnología para hacer llegar tu mensaje empresarial, te dará una ventaja importante frente a tu competencia. Con estrategias de corto plazo para que hoy mismo puedas ir conquistando tu mercado.

Estrategias a corto plazo como:

• *Uso de la tecnología para hacer llegar tu mensaje de venta: anuncios en redes sociales y buscadores como Google.*

• *Empleo de bases de datos para enviar campañas de email marketing.*

• *Mejora de un producto a nivel de diseño virtual.*

Son acciones que desde hoy mismo puedes llevar a cabo y que te traerán resultados a corto plazo. Inmediatos. No son resultados para afianzar una marca, pero sí añadirán a la suma de todas ellas para crear una marca perdurable en el tiempo.

A medio plazo puedes utilizar estrategias que te permitan ir obteniendo cuota de mercado. Tal como te expliqué en la ley de la categoría líder con nuestro gran conquistador Alejandro Magno, tienes que tener estrategias que te indiquen el camino que debes seguir.

Estrategias a medio plazo para conquistar tu mercado.

- *Desarrolla una línea de productos o servicios acorde a la tendencia de tu mercado.*

- *Asistencia a ferias importantes de tu sector.*

- *Crear alianzas estratégicas con otras empresas alineadas con tu mercado.*

Las estrategias a medio plazo te permiten un horizonte temporal de conquista mayor que las de corto plazo.

Por último, a largo plazo son estrategias de visión y misión, es decir, estrategias mucho más profundas que darán sentido a tu emprendimiento y dejarán un legado en la sociedad.

Estrategias de largo plazo para crear una marca perdurable en el tiempo:

- *Desarrolla tu visión empresarial. ¿Qué quieres lograr en los próximos 20 años como empresario?*

- *Desarrolla tu misión social. ¿Qué quieres dejar en la sociedad y en aquellos que te rodean?*

Las estrategias de largo plazo son estrategias motivacionales y emocionales que te ayudarán a seguir adelante en momentos bajos. Momentos que siempre llegan y que recordándolas te ayudarán a levantarte y seguir luchando por tu misión en la vida. Esa misión que has venido a completar al mundo. Una misión por encima de lo material y terrenal, una misión de ayuda, de inspiración, de liderazgo.

28. Ley de los Recursos

CONQUISTA TU MERCADO

Déjame hacerte una pregunta, si te dijera que con un euro inverti-do puedes obtener una rentabilidad de 40 euros, ¿invertirías ese euro? Claro que sí. Si de un euro sacas 40, por supuesto. Parece una pregunta un tanto absurda, pero es lo que pasa todos los días en el marketing. Los empresarios no entienden que el marketing convierte dinero en más dinero. De hecho lo multiplica de manera exponencial. Esa es la función del marketing.

Es por eso que invertir en marketing es sumamente importante para llevar tu negocio al nivel de éxito en tu mercado como deseas. El marketing nunca es un gasto sino una inversión. La mayoría de los empresarios invierten en muchas otras acciones fuera del marketing, sin darse cuenta de que el marketing es lo único que trae clientes, el resto son todo gastos. Ya lo decía Peter Drucker, uno de los mayores expertos en gestión empresarial: *"en los negocios solo hay dos funcio-nes básicas: el marketing y la innovación. El resto son solo gastos"*.

Afirmación con la que estoy totalmente de acuerdo. Son lo único a lo que merece la pena dedicarle tiempo y recursos.

El problema es que la mayoría de los empresarios se enfocan en otro tipo de gastos que no traen más ingresos. Es por eso que es tan importante dedicar los recursos adecuados a estas dos partidas; el marketing y la innovación. Marketing para hacer llegar tu mensaje a tu mercado de manera constante y persuasiva, e innovación para tener un ángulo de diferenciación que te haga destacar entre tanta competencia que existe.

Sin los recursos adecuados, un plan de marketing no obtendrá resultados. Es cierto que los costes de marketing se han abaratado bastante gracias a la digitalización. No obstante, hay que invertir tiempo, dinero y todo tipo de recursos para lograr el éxito. Aunque ahora es mucho más barato hacer llegar tu mensaje a tu público a través de medios que antes no existían como redes sociales y buscadores como Google, eso también ha hecho que muchas más personas estén en ellos enviando los suyos. Y no solo hablo de competencia, sino de todo tipo de mensajes que crean ruido y que robarán la atención de tu cliente ideal.

Cuando solo teníamos revistas, por ejemplo, luchabas por la atención contra muy pocos estímulos, y la mayoría eran de tu sector o de temas parecidos. Ahora es muy diferente, en las redes sociales hay de todo, por ejemplo, y no solo compites con tu competencia, sino con todo tipo de anuncios, publicaciones, vídeos que consumen la atención que tiene disponible una persona para que no acabe abrumada con tanta información. Es la cara oculta de la moneda; por una parte, existe la oportunidad y, por otra parte, la amenaza. La oportunidad para llegar a tu público objetivo de manera eficaz y rentable, y la amenaza de competir con muchos otros mensajes de marketing que distraen a tu mercado y evitan que pasen a la acción. Los paraliza.

Para superar estas limitaciones y aprovecharte de las oportunidades que te ofrecen las nuevas tecnologías, tienes que invertir una serie de recursos que a continuación te detallo.

Recursos económicos

Por supuesto, al final el buen marketing vale dinero. No digo que todo el marketing que valga dinero sea bueno. En absoluto, diariamente se ven anuncios que no sirven para nada y no atraen a nadie, que habrán costado miles de euros. Eso es otro cantar. En ese caso, empresas con muchos recursos, pero con malos departamentos de marketing, que piensan que para llegar a su público hay que entretener en vez de aportar valor.

Ahí fuera puedes ver cientos de anuncios, publicaciones, mensajes que no están enfocados en atraer a clientes. Hablan de ellos mismos, con un ego superior, sin propuestas de valor, sin beneficios claros, sin llamar a la acción. Mensajes que han costado mucho dinero, tirado a la basura. Aunque tengas recursos, es muy importante saber donde los gastas. Es la paradoja del marketing. Quien tiene muchos recursos acaba malgastándolos en acciones que no sirven para nada, quien tiene pocos no hace nada. Es por eso que la clave para dedicar los recursos adecuados es ver al marketing como un comercial que nos debe rendir cuentas a cada momento.

Amigo marketing, si te doy 1 euro, ¿cuántos euros me traes de beneficio? Esa es la forma de tratar con el marketing. El marketing actualmente te permite hacer un seguimiento del costo. Ahora sabes cuanto es el retorno de tu inversión en marketing. Cuanto te cuesta la captación de un prospecto y cuanto te cuesta que pase de prospecto a cliente. Ahora todo lo puedes medir. Si el marketing lo llevas desde tu empresa, es importante que este departamento te rinda cuentas. Tienes que buscar formas de dedicar los recursos correctos donde puedas medir sus resultados. El marketing no es solo "hacer marca", típica frase de agencia de marketing que no puede traerte resultados. El marketing es atraer clientes, unidades de individuos, por lo que sí se puede medir.

Dedica recursos económicos al marketing, es fundamental para conquistar tu mercado. Eso sí, debes medir cada una de esas acciones y conocer su retorno. Tienes que saber que un euro que inviertes en anuncios de Google te traerán ciertos beneficios. Ahora todo se puede medir. Es lo que llamamos marketing directo donde sabes la rentabilidad de cada euro. Muy al contrario que el marketing de recordación, donde crees que solo estás haciendo marca. Tú como empresario, tienes que apostar por el marketing directo, el que sabes que te puede traer resultados medibles. El resto es solo especulación.

Recursos temporales

Otro recurso que debes disponer en tu empresa para lograr conquistar tu mercado y tener un negocio de éxito es dedicar el tiempo necesario a todas tus acciones de marketing. Necesitas enfocarte y pasar tiempo diseñando cómo vas a posicionar tu empresa en el mercado, qué amenazas te vas encontrando, las oportunidades que están dejando tu competencia y de las que tu empresa se puede aprovechar. El tiempo es el activo más valioso para cualquier persona. Para tu empresa también. Tu empresa está en el momento de ahora. Es por eso que debe saber muy bien gestionar su tiempo, tal como haces tú como emprendedor. Debe saber qué hacer con su tiempo para sacarle el mayor partido a sus acciones y lograr alcanzar el éxito empresarial.

Como te decía al principio de la ley, el marketing y la innovación son las dos actividades a las que mayor tiempo debes dedicarles, ya que serán el presente y futuro de tu negocio. El presente porque te traerán clientes a los que atender ahora, y el futuro porque te asegurará de que sigas atrayéndolos con productos que de verdad marquen la diferencia. Es por eso que, tu gestión del tiempo debe ser prioritaria hacia esta dos actividades. Es cierto que en cualquier empresa necesitas dedicar tiempo a la contabilidad, por ejemplo, pero eso no te ayudará a conquistar tu mercado. Un mercado se conquista dedicándole tiempo a destacar en él. A crear acciones disruptivas y transgresoras que te hagan sacar la cabeza entre tanto ruido y competencia. Cuando dediques el tiempo necesario a innovar y hacer llegar tu innovación al mercado, solo entonces lo conquistarás.

Recursos de talento

Por supuesto, sin los recursos humanos adecuados, todo lo que hemos tratado sobre marketing e innovación no vale para nada. Todo se lleva a cabo por las personas. Las empresas son estructuras vivas compuestas por personas. Como las células de nuestro cuerpo. A las empresas les ocurre igual. Son las personas las responsables de que se llegue al éxito en la empresa. Es por eso que necesitas personas que te ayuden a conquistar tu mercado. No lo puedes hacer tú solo. Aparte de aquellas personas que son necesarias para la ideación, producción y entrega de tu producto y servicio, también necesitas personas que sepan promocionar y vender con éxito lo que ofreces. Soy de los que opinan que antes de productor eres vendedor de productos de tu mercado. Tener el equipo correcto y convertirte en el líder que ellos necesitan para que los guíes es fundamental para tu éxito.

También recomiendo contratar expertos y mentores que te ayuden a evolucionar con tu negocio a nivel estratégico y personal. Ser dueño de una empresa no es nada fácil. Tener alguien que tenga un punto de vista externo y con amplia experiencia asesorando a otras empresas, te puede ayudar muchísimo a ver los errores que estás cometiendo y que te impiden conquistar tu mercado. Cada día es más habitual ver empresarios que contratan consultores para tener esa perspectiva que ellos por estar todo el día rodeados de problemas de sus empresas no pueden ver. Demasiada vinculación emocional que les distorsionan sus puntos de vista de las cosas. Un profesional externo es ideal para que te acompañe tanto a nivel estratégico como emocional. Muchas veces el empresario necesita transmitir miedos e inseguridades de su empresa y no sabe con quién compartirlos y recibir un feedback. Para ello, un consultor externo te puede ayudar muchísimo porque al final todo lo emocional repercute en tu negocio.

En definitiva, el marketing necesita inversión en recursos económicos, tiempo y personal. Recuerda que es el corazón que bombeará clientes y oportunidades a tu negocio. Para ello necesitas gasolina que le permita avanzar. Muchas empresas son reacias a gastar en marketing. Piensan que es tirar el dinero. Y puede llegar a serlo porque no saben qué funciona y qué no. La clave está en buscar la rentabilidad, y como te decía, tratar a tu marketing como tu mejor comercial. Aquel que está trabajando 24 horas, los 7 días de la semana, los 365 días del año. Que no se pone nunca enfermo y es el que mejor trata a tus clientes. Ese es el buen marketing. Eso sí, tiene que rendirte cuentas porque es un comercial muy costoso, al que se le dedican muchos recursos y que representa la mayor inversión de tu empresa. Las empresas que llegan más lejos son las que lo tienen claro y dedican la mayoría de recursos a hacer llegar su mensaje. Saben que un euro de inversión debe traerles mucho más de retorno. Esas son las empresas que conquistan el mercado.

Plan de acción para dedicar recursos a tu marketing

- *¿Cuál es tu próximo objetivo a nivel de marketing y ventas que te has propuesto en tu negocio y que te ayudará a conquistar tu mercado?* Desarrolla un objetivo específico y concreto que se pueda medir, realista y con fecha de finalización.

- *¿Qué necesitas a nivel de recursos para lograr ese objetivo?* Detalla los recursos humanos, económicos, materiales, tiempo. Cuantifica en dinero esos recursos.

- *¿Cómo vas a medir la rentabilidad de esas acciones una vez hayas alcanzado el objetivo?* Analiza qué recursos has utilizado para llegar al objetivo de marketing y ventas que te has marcado y qué resultados has obtenido.

• *¿Qué acciones de ajuste vas a tomar para corregir en caso de que no esté funcionando o para simplemente mejorarlo?* Recuerda que ajustar es sumamente importante para lograr tener el sistema de marketing y ventas perfecto.

29. Ley del Equipo

CONQUISTA TU MERCADO

Todos los días recibía en su despacho quejas de ambos departamentos. Fernando estaba cansado de escuchar argumentos tirando por tierra, unos al departamento de ventas y otros al de marketing. Unos se quejaban de que toda responsabilidad recaía en ellos y de la poca eficiencia del otro. Marketing de las pocas ventas del departamento comercial, y este del poco flujo de potenciales clientes que llegaban a los que visitar posteriormente. Fernando tenía en su cabeza a dos departamentos sin entender que ambos son parte de un mismo sistema. Marketing debía atraer potenciales clientes de calidad asesorado por ventas, y ventas debía cerrar más contratos asesorados por los recursos del departamento de marketing.

¿Qué podía hacer Fernando para mejorar la relación entre estos dos departamentos y que repercutiera en sus resultados? Unirlos. Entender que son parte de un mismo sistema y que sin la comunicación adecuada no funcionarían nunca. Marketing debía ser el altavoz del mensaje a su mercado y ventas quien recoja los frutos; el cliente. Ambos van de la mano, por lo que unió a los dos departamentos, incluso hizo que empleados de marketing acompañaran a sus comerciales en las visitas para conocer en detalle las necesidades del cliente. Al igual que hizo que los comerciales estuvieran con el departamento de marketing estudiando el mercado, diseñando estrategias de posicionamiento en redes sociales, anuncios, eventos y asistencia a ferias como visitantes y expositores.

El objetivo era que entre ellos se retroalimentaran, y lo más importante de todo, que sintieran empatía por el trabajo de cada uno, lo valoraran como parte importante de la empresa y entendieran que uno sin el otro no pueden existir. El marketing sin ventas no es nada. Y ventas sin marketing tampoco. Son parte del mismo engranaje. Dos partes indivisibles y que te ayudarán a llevar al siguiente nivel tu empresa; a conquistar tu mercado. Los de ventas deben saber trabajar con marketing y apoyarse en sus estrategias. Ellos son el embudo de ventas. Los de marketing son el embudo de prospección. Tal como te explicaba en la ley del embudo. No pueden estar disociados.

Del embudo de prospección se encarga marketing. Marketing debe generar oportunidades de venta para el departamento comercial. Esto lo logrará con estrategias de corto, medio y largo plazo. Estrategias que harán visible tu empresa, posicionarla como una autoridad y generar constantes oportunidades de venta. Acciones como posicionar la empresa en Google, anuncios en redes sociales, anuncios en prensa, alianzas estratégicas, organización de ferias, presentaciones de productos.

Por el contrario, el departamento de ventas se encargará del embudo de ventas. Es decir, desde que un potencial cliente ha levantado la mano para decir - *¡esto me interesa!* - hasta que el cliente deja de trabajar con nosotros, ya que la fidelización del cliente también es responsabilidad de ambos. Es ahí cuando entra ventas con soporte de marketing a nivel de comunicación y argumentación a través de catálogos, recursos fotográficos, white papers, reportes.

Unos sin los otros no pueden existir. Debe haber una comunicación excelente. Es por eso que es tan importante esta ley del equipo. Ambos forman un equipo indivisible. Marketing mostrará a ventas cómo debe aplicar recursos a sus negociaciones, y ventas irá mostrando cómo es el cliente que debe buscar marketing para que esos mismos argumentos puedan utilizarlos en sus estrategias de atracción.

Ventas debe reportar todas las objeciones, aquello que frena a los clientes a tomar acción y comprar, además de las justificaciones de sus clientes para recogerlas en su material de promoción. Sin entender el campo de batalla, marketing siempre hará un trabajo mediocre, ya que no sabe a quién debe buscar y qué le quita el sueño por las noches a ese cliente.

Marketing debe darle su sitio a ventas. Debe facilitarles el trabajo de captación. Plantar la semilla para que cuando ventas llegue, el cliente sea más proclive a comprar y solo tenga que invitarlo a tomar acción. Recuerda que las mejores batallas no se ganan en el combate sino antes, con marketing y ventas cohesionados y trabajando de manera harmoniosa.

Principales fallos de colaboración departamental

- *No existe una buena comunicación entre ambos*. Para ello, lo mejor es hacer que trabajen juntos. La mejor estrategia es que sean departamentos que estén unidos incluso físicamente si fuera necesario. Tiene que haber comunicación entre ellos. No deben estar separados. Puedes llamarlo departamento de prospección y venta. Ahí estarían todos con diferentes tareas, pero se sentirían como parte de un mismo departamento.

- *No tienen empatía ni entienden la función de cada uno.* Haz que los comerciales acompañen durante algunas jornadas en los trabajos de marketing con el objetivo de definir claramente el cliente ideal, por ejemplo. Al igual que tus empleados de marketing acompañen a los comerciales en sus visitas a clientes. Estos tienen que conocer las objeciones que tienen los clientes a la hora de cerrar la venta. Una vez tienen anotadas esas objeciones, podrán incluirlas en toda la comunicación con el objetivo de facilitarles el trabajo a los comerciales al cerrar las ventas. Además, entenderán la dificultad a la que se enfrentan cada uno de ellos aumentando así su grado de empatía y tolerancia a los errores.

- *Se convierten en rivales en vez de alianzas.* Aceptar el error es quizás el acto más bondadoso de cualquier persona. Todos nos equivocamos. No aceptarlo puede ser un origen de disputas porque ambos departamentos no aceptan las responsabilidades que tienen. Puede ser porque no las tienen claras o bien porque es más fácil echarle la culpa a otro. Es importante que sepan qué tareas son de prospección y qué tareas de ventas. La prospección es atraer, la venta es cerrar. Son mecanismos y sistemas totalmente diferentes. Un empleado de marketing debe estar siempre en modo *"abriendo oportunidades"* y el de ventas siempre en modo *"cerrando esas oportunidades"*.

En definitiva, un error fundamental que evita que tu empresa conquiste tu mercado es no tener ambos departamentos bien cohesionados. Donde estén las tareas definidas, y se comporten como uno solo. Deben trabajar en conjunto para lograrlo. De lo contrario, los resultados de tu empresa serán mediocres, no lo olvides.

30. Ley de la Bolsa

CONQUISTA TU MERCADO

Todo se desmoronaba delante de los ojos de Enrique, cuando veía que caían de manera vertiginosa las acciones que había comprado. El golpe de suerte del principiante le había jugado una mala pasada pensando que siempre subiría su apuesta. La suerte del novato. Había pensado que él era más listo que nadie, hasta que se topó con la realidad de que para invertir tienes que saber que todo lo que sube baja. Que todo hay que verlo en una perspectiva temporal más amplia. Sin desesperarse, simplemente aprendiendo sus principios fundamentales y siendo paciente.

Esto también ocurre en el marketing de cualquier empresa. Sube y baja de manera constante. El éxito nunca representa una línea recta, al igual que el fracaso. Siempre sube o baja, con pendientes más o menos pronunciadas dependiendo de otros factores. El mundo, la vida, los negocios son muy volátiles. Lo mismo estás arriba que luego caes en picado hacia abajo. Es una ley natural.

He llamado a esta ley la ley de la bolsa porque el marketing es como la bolsa. Por muy bien que siempre lo hagas, habrá momentos de caída y de bajadas. Son miles de variables las que afectan. Cuando la suma de esas variables positivas sea mayor que la suma de las variables que van en tu contra subirá, mientras que si ocurre al contrario bajará. Tan sencillo como eso. Por muy bien que hagas tus estrategias de marketing nunca, y te repito nunca, tendrás una evolución constante en positivo. Es cierto que si miramos tu gráfico en perspectiva de tiempo amplia, lo ideal es que siempre veas un crecimiento. Un crecimiento a largo plazo, tal como ocurre con valores bursátiles de ciertas empresas que siempre han subido, como Coca-Cola, o índices que a la larga siempre han sido positivos, como el SP500. Tu marketing debe ser igual.

Al igual que ocurre en la bolsa con los movimientos de mercado, las personas menos instruidas suelen comprar cuando sube y venden cuando baja. Lo contrario a lo que haría un buen inversor que tiene en cuenta los fundamentales de la inversión y de cada una de las empresas a las que apuesta. En el marketing pasa lo mismo. También le ocurre al empresario que no tiene mucha experiencia en marketing. Invierte en marketing cuando más éxito está teniendo y menos cuando menos ventas hay. Es justamente lo contrario, hay que invertir más cuando menos se compra y hay crisis en el mercado, para así preparar el terreno para las vacas gordas, y reducir el marketing cuando hay mucha demanda, ya que los clientes llegan solos y hay que prepararse para las vacas flacas. Así es como funciona una empresa de éxito. Hace todo lo contrario a lo que le indica el sentimiento del mercado.

Esto es fruto de un escaso conocimiento en marketing. La mayoría de los empresarios no están formados en la materia más importante para sus negocios: el marketing. Y no, el marketing no es solo poner un anuncio. En absoluto. Como ya te expliqué en otras leyes, el marketing engloba toda una serie de acciones que harán que tu empresa sea visible en tu mercado, se posicione y genere alta credibilidad y confianza, y atraiga un flujo constante y previsible de personas interesadas en comprar, en trabajar en ella y en proveer otros productos y servicios necesarios.

El buen empresario sabe que cuando los mercados están en recesión, las noticias no son nada halagüeñas y menos clientes haya, la partida mayor es la de marketing. Es ahí cuando tienes más posibilidades de conquistar tu mercado. Cuando nadie hace marketing, es cuando tú debes estar haciéndolo para destacar entre todos tus competidores. Competidores que están dormidos o amedrentados en una esquina pensando que *"la cosa está muy mala"*.

Esto te permitirá posicionarte como líder en tu industria a un costo muy bajo porque no hay tantos comerciales en la calle, la puja para anuncios en buscadores es más barata, las redes sociales tienen menos anunciantes o cualquier otro medio que utilices para hacer llegar tu mensaje a tu mercado. El empresario que lo sabe entiende que los mercados son volátiles y siempre estará a la espera de una oportunidad de bajada para invertir en marketing y hacer que su empresa sea la primera en destacar. Es por eso que es fundamental tener una partida prevista para marketing en momentos de vacas flacas, porque todos sabemos que después de la tormenta siempre llega la calma, y es tu empresa la que debe estar ahí preparada para recoger los frutos cuando esta pase.

Plan de acción para sortear las crisis con marketing

- *¿Cuándo se producen las crisis en tu mercado?* Analiza cuándo se producen estas crisis de demanda tanto a nivel anual, por ejemplo en épocas bajas de venta, como a vista de ciclos de varios años. Las épocas malas son buenas para preparar las campañas para las épocas de más demanda.

- *¿Tienes un plan de marketing para sortear esas crisis?* Crea un plan de marketing para aprovechar esas épocas y apretar el botón de tu marketing a máxima potencia. Esto te permitirá destacar frente a tu competencia cuando esta no está haciendo nada por miedo al mercado.

- *Espera con paciencia.* Recuerda que el marketing necesita su tiempo para ver resultados. Si ejecutas durante las épocas bajas, los clientes te llegarán una vez que estén en modo compra pero con la siembra hecha, como buen agricultor. Será entonces cuando te hayas posicionado en sus mentes para que te tengan en cuenta en sus decisiones de compra futuras.

Recuerda, aprovecha la volatilidad de los mercados para adaptar tu marketing y que sea más eficaz, rentable y efectivo. Además, te permitirá mejorar tu posicionamiento cuando todo, aparentemente, está mal y los costos sean mucho menores que cuando todo es maravilloso y el dinero fluye. Nada dura para siempre.

31. Ley de la Evangelización

CONQUISTA TU MERCADO

Ana no entendía porque el negocio de maquillaje de Lucía funcionaba mejor que el de ella cuando, aparentemente, hacían lo mismo. Lo que no sabía Ana es que Lucía tenía una estrategia que le permitía escalar su marketing de manera exponencial y no era más que tener una estrategia de referidos. Lucía mostraba los casos de éxito de sus clientas y eran ellas las que los compartían en sus redes sociales, porque se sentían orgullosas de verse tan guapas y recibir tantos *"me gusta"*, por lo que eran sus clientas las que hacían el marketing por ella. No tenía que pagar costosos anuncios para llegar a más público. Sabía que sus clientas se rodeaban de otras mujeres que representaban a su clienta ideal. Recibía un marketing gratuito. Además, tenía un programa de fidelización y de marketing directo, con lo que sus mismas clientas podían ganar descuentos recomendando sus productos a otras mujeres.

El marketing es tremendamente caro. Son millones de euros lo que se gastan las empresas en acciones de marketing todos los días. Es por eso que para evitar parte de este gasto tienes que tener un sistema de evangelización, es decir, que sean tus propios clientes los que hagan el marketing por ti, recomendándote a otros potenciales clientes y hablando maravillas de tus productos y servicios. No busques solo clientes sino evangelizadores de tu marca. Las personas nos rodeamos de otras que seguramente necesiten el producto y servicio que les vendes. Clientes ideales tienen contactos con otros clientes ideales. La evangelización de tu negocio es una de las mejores estrategias que puedes aplicar para conquistar tu mercado. Tener sistemas para incentivar a tus clientes a que te recomienden, te ayudarán a que sean estos los que hagan el marketing sin tener que gastar grandes partidas en anuncios y estrategias que no funcionan ni la mitad de bien que una recomendación sincera.

Evangelizar es un término que define el hecho de predicar y dar a conocer la doctrina cristiana del evangelio. Esta evangelización permitió que la religión cristiana se expandiera a más de 2.300 millones de cristianos que existen actualmente en el mundo, siendo la religión con mayor número de creyentes. Es el mismo efecto que logras cuando son tus clientes los que hablan maravilla de tus productos o servicios entre ellos, y que te permitirá que tu negocio lidere tu industria.

Cómo evangelizamos a un cliente

Un cliente evangelizado es aquel que promociona tus productos por ti. En la era de la información y de la interacción digital, es un arma muy poderosa. Un cliente hablará bien de ti siempre que haya superado sus expectativas con tu producto o servicio. Ha quedado plenamente satisfecho y el hecho de hablar bien de ti le proporciona satisfacción y reconocimiento. Nadie recomienda algo que no le otorgue un reconocimiento a su inteligencia en la toma de decisiones de compra.

¿Qué ocurre si no tenemos un plan de evangelización en tu empresa? Entonces estás dejando mucho dinero en la mesa porque el mejor cliente es quien te ha comprado previamente y ha quedado plenamente satisfecho, pero el segundo mejor cliente es el que viene recomendado por este. No tener un plan de evangelización hará que estés constantemente invirtiendo en tu marketing, con bajas rentabilidades y resultados menos exponenciales que si lo tuvieras.

Puedes ver todos los días en redes sociales como las personas hablan de los productos que utilizan, sin ningún tipo de tapujos. Esto es un arma poderosa para las empresas, que se ahorran millones en contratar agencias de marketing y profesionales para hacerles anuncios que no funcionan ni la mitad de bien que una publicación en cualquier red social de masas. Pero, ¿se pueden evangelizar productos y servicios "aburridos"? Claro que sí, no depende de los productos, sino del grado de satisfacción del cliente una vez que ha terminado su experiencia de compra, aplicación y resultados. Para ti puede ser aparentemente un producto aburrido, pero para tu cliente representa la solución a su problema actual. No lo olvides.

Fíjate en plataformas como YouTube donde cada día se suben vídeos de cómo hacer algo con herramientas y productos cotidianos. Son estos mismos clientes, o bien creadores de contenido, a los que amablemente les has enviado tu producto para que lo probaran, los que te están haciendo el marketing. Es por eso que tener un plan de evangelización es tan poderoso. La clave está en que tu cliente quede plenamente satisfecho y lo incentives a recomendarte y hablar bien de ti.

Plan de acción para lograr la evangelización de tu negocio

- *Define el cliente ideal y evangelizador en tu negocio*, aquel que sabes que hablará maravillas de tu producto. Enfócate en ese tipo de clientes que te ayudarán al crecimiento exponencial de tu marketing.

• *Desarrolla tu sistema de evangelización y referidos,* ayudando a tus clientes a que recomienden tu empresa, productos o servicios. Estas recomendaciones pueden ser incentivadas o no. Las incentivadas son aquellas donde ofreces una recompensa por recomendarte, desde un descuento, un incentivo económico como en los planes de afiliación, cualquier estímulo que haga que tu cliente te recomiende será muy positivo.

• *Comparte contenido en redes sociales y etiqueta a tus clientes.* Estos se sentirán motivados para compartir esas mismas publicaciones, con lo que atraerás a otros clientes ideales que forman parte de su red de contactos.

• *Haz partícipe a tu cliente ideal del desarrollo de tu producto o servicio.* En psicología existe en fenómeno que se denominó el efecto IKEA, donde se descubrió que los clientes daban mucho más valor a aquellos productos donde ellos eran partícipe de su ideación, desarrollo y promoción. Tal como ocurre con los productos de IKEA donde eres tú el que tienes que montarlos, creando una vinculación más emocional con ellos. Aumentando el precio que estaban dispuestos a pagar y su implicación a la hora de hablar de este producto, con la consiguiente evangelización del mismo.

Recuerda, no busques solo clientes sino evangelizadores, aquellos que hablarán maravillas de tu empresa, productos y servicios. Son ellos los que te ayudarán a conquistar tu mercado con éxito.

Recursos Gratuitos

CONQUISTA TU MERCADO

Puedes descargar los recursos gratuitos del libro en el siguiente enlace: www.javiercordero.com/ctm-recursos

Recursos para ayudarte a implementar estas leyes que te ayudarán a conquistar y liderar tu mercado. No te los pierdas.

www.javiercordero.com/ctm-recursos

Últimas palabras

CONQUISTA TU MERCADO

Estimado lector, este libro ha llegado a su fin. Espero que hayas disfrutado tanto o más que yo al escribirlo. Ha sido todo un placer transferir mi conocimiento y experiencia a tu persona, a tu mente. Acompañarte en este viaje por las leyes que rigen el marketing. Me gustaría que las tuvieras en cuenta y que, en la medida de lo posible, las respetaras. Está mucho en juego.

Para terminar quisiera darte las gracias por tu tiempo y atención. En los tiempos que corren de constantes distracciones el haberlo conseguido no tiene precio. Si has disfrutado de este libro y consideras que has obtenido algo interesante para mejorar tu vida y tu empresa, estaría enormemente agradecido si pudieras dejarme una evaluación del libro. Para mí significaría mucho y me ayudarías a expandir mi mensaje. Mensaje para empresarios despiertos como tú. Muchas gracias de antemano.

Si tienes alguna duda o consulta me puedes escribir a mi correo electrónico hola@javiercordero.com y con mucho gusto te daré claridad. Recibo los mensajes, los leo y los respondo personalmente. Soy una persona muy cercana, simpática y siempre estoy dispuesto a ayudar. Así que no dudes en escribirme si así lo deseas.

También te invito a que te suscribas a mi newsletter donde a través de correos electrónicos que recibirás en tu bandeja de entrada, te envío consejos, trucos y recomendaciones sobre marketing, ventas y liderazgo. Es gratis y podrás darte de baja cuando quieras con un solo clic en cualquiera de los emails que recibas. Tienes mi palabra. Para suscribirte tan solo tienes que ir a: www.javiercordero.com/newsletter.

Decirte que ha sido un verdadero placer compartir este viaje contigo. Este tiempo donde hemos hablado sobre marketing, negocios y prosperidad. Esto no es un adiós, sino un hasta luego. Pronto volverás a tener noticias mías. Además, siempre podrás leer otras de mis obras disponibles. Seguro que te gustan tanto o más que esta.

Un fuerte abrazo.

Javier Cordero

¿Conectamos?

Puedes conectar conmigo a través de:

- *Sitio web:* www.javiercordero.com
- *Email:* hola@javiercordero.com

Redes sociales:

- *LinkedIn:* www.javiercordero.com/linkedin
- *Facebook:* www.javiercordero.com/facebook
- *Instagram:* www.javiercordero.com/instagram
- *YouTube:* www.javiercordero.com/youtube

Otras obras de tu interés

Descubre otras obras que he escrito y que estoy seguro que te podrán ayudar a lograr tu éxito empresarial.

- *Marketing Digital Para Consultores:* www.javiercordero.com/mdpc
- *Copywriting Para Consultores:* www.javiercordero.com/cpc
- *Email Marketing Para Consultores:* www.javiercordero.com/empc

Consultor Élite

Además, puedes conectar conmigo a través de Consultor Élite, consultora de marketing y desarrollo empresarial donde, junto a mi equipo, ayudamos a otros consultores a emprender y hacer crecer sus negocios de consultoría con éxito.

Más información en www.ConsultorElite.com.

Sobre el Autor de este Libro

CONQUISTA TU MERCADO

Javier Cordero es ingeniero, con más de 25 años de experiencia en las áreas de marketing y ventas. En los últimos años, ha ayudado a decenas de empresas a conquistar sus mercados. Hacerse visibles, posicionarse en sus industrias, y promocionar y vender sus productos y servicios con éxito. Autor de varios libros que se han convertido en superventas en Amazon sobre marketing, ventas y liderazgo empresarial. Puedes saber más sobre él y sus servicios de asesoramiento en www.JavierCordero.com.

Además, es CEO de Consultor Élite, consultora de marketing y desarrollo empresarial donde, junto a su equipo, ayudan a otros consultores a emprender y hacer crecer sus negocios de consultoría con éxito. Más información en www.ConsultorElite.com.

Bibliografía

Blanchard K. & Bowles, S. (2011). Ravins Fans. Reino Unido.

Braidot, N. (2009). Neuromarketing. España.

Briñol, P. (2001). Persuasión. España.

Cordero, J. (2020). Copywriting para Consultores. España.

Cordero, J. (2021). Email Marketing para Consultores. España.

Cordero, J. (2022). Marketing Digital para Consultores. España.

Cialdini, R. (1984). Influencia. Estados Unidos.

Drayton, B. (1982). Commonsense direct and digital marketing. Reino Unido.

Dooley, R. (2015). Brainfluence. Estados Unidos.

Friedmann, Susan. (2007). Riches in Niches. Estados Unidos.

Gaviria, E., López, M. & Cuadrado, I. (2013). Introducción a la Psicología Social. España.

Imbriale, R. (2007). Motivational Marketing. Estados Unidos.

Lant, J. (1989). Cash Copy. Estados Unidos.

Ries, A. & Trout, J. (1993). The 22 immutable laws of marketing. Estados Unidos.

Ries, A. & Trout, J. (1996). El nuevo posicionamiento . Estados Unidos.

Ries, A. & Trout, J. (2006). Marketing Warfare. Estados Unidos.

Sugarman, J. (1999). Los resortes psicológicos de la venta. Estados Unidos